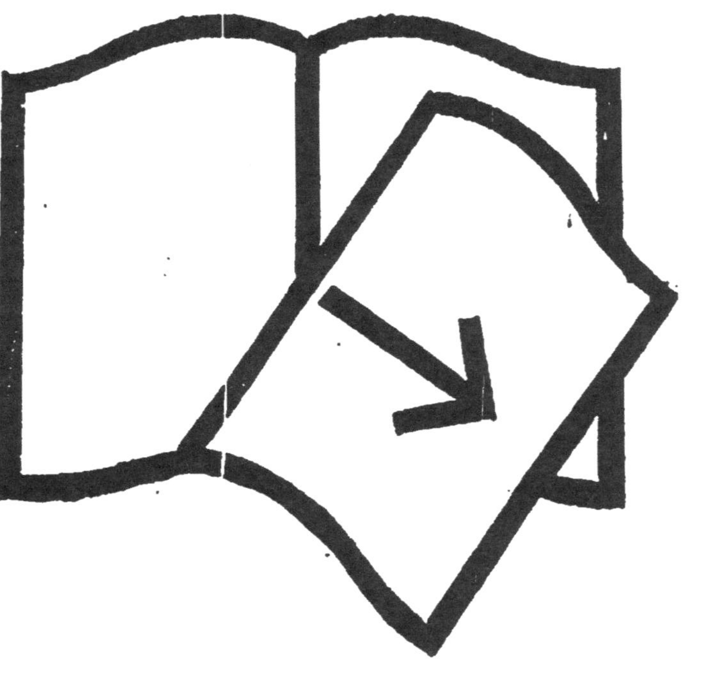

Couverture inférieure manquante

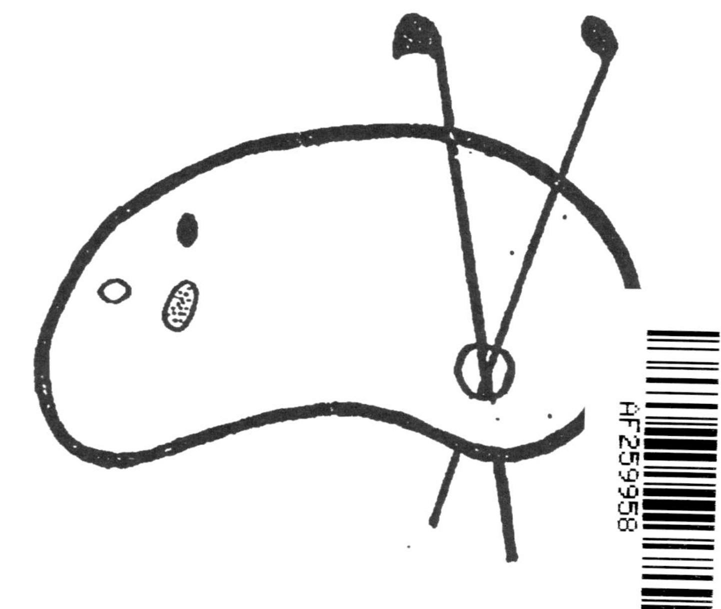

DEBUT D'UNE SERIE DE DOCUMENTS
EN COULEUR

MISE EN VALEUR

DE

NOTRE EMPIRE COLONIAL

PAR LE SOLDAT LABOUREUR MARIÉ

FAISANT SOUCHE

PAR

F. MARTIN-GINOUVIER

« Dans le pays où fleurit l'agriculture
tout fleurit. »

SULLY.

PARIS

AUGUSTIN CHALLAMEL, ÉDITEUR

17, RUE JACOB

Librairie Maritime et Coloniale

1898

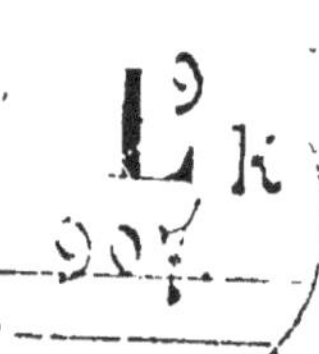

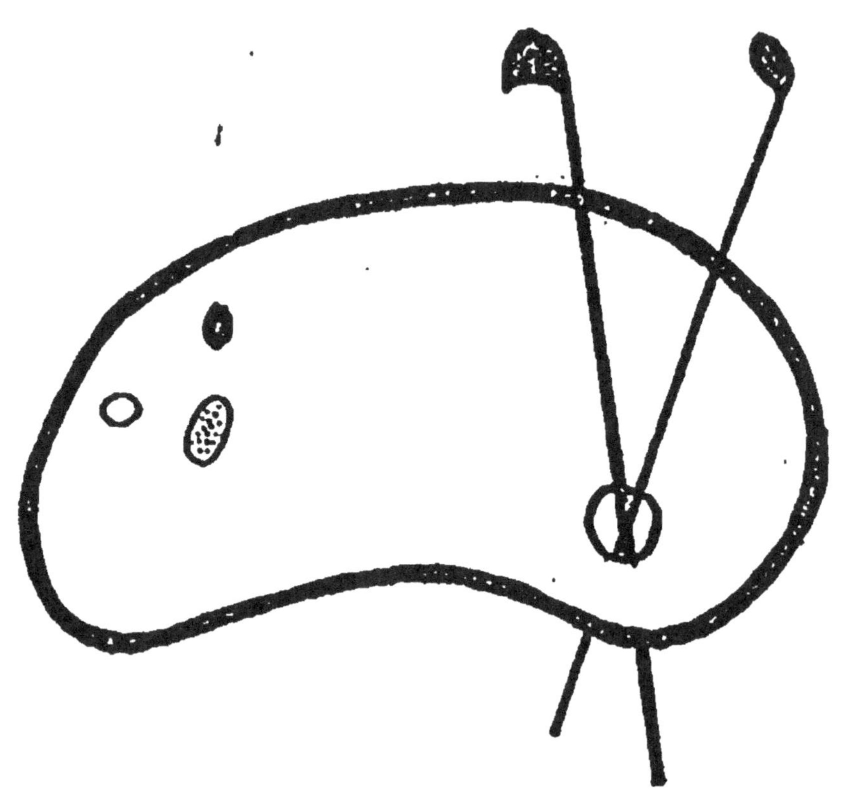

FIN D'UNE SERIE DE DOCUMENTS
EN COULEUR

MISE EN VALEUR

DE

NOTRE EMPIRE COLONIAL

Par le soldat laboureur marié faisant souche

MISE EN VALEUR

DE

NOTRE EMPIRE COLONIAL

PAR LE SOLDAT LABOUREUR MARIÉ

FAISANT SOUCHE

PAR

F. MARTIN-GINOUVIER

« Dans le pays où fleurit l'agriculture
« tout fleurit. »

SULLY.

PARIS

AUGUSTIN CHALLAMEL, ÉDITEUR

17, RUE JACOB

Librairie Maritime et Coloniale

—

1898

MISE EN VALEUR
DE NOTRE EMPIRE COLONIAL
Par le soldat laboureur marié faisant souche

A NOS LECTEURS

Notre démocratie qui achète notre empire colonial de son sang et de son or, est en droit de connaître le bilan de nos colonies ; nous croyons donc faire œuvre de patriotisme en inculquant ces chiffres dans les centres laborieux des villes et des campagnes.

Notre empire colonial est seize fois plus grand que la France.

Sa population est de vingt-cinq millions d'âmes. Son budget est de cent millions.

Nos dépenses militaires à Madagascar seront, en 1898, de 16.660.000 francs.

Que d'or !... que d'or !... pour de biens piètres résultats.

En octobre 1897, MM. Louis Brunet et de Mahy déposaient sur le bureau de la Chambre une proposition de loi relative à la colonisation de Madagascar.

Dans un long exposé, les auteurs disaient :

« A l'égard des colons pauvres, tous anciens soldats, de tous ceux qui, à défaut de ressources, ont le courage et le vouloir, le Gouvernement, la Société a un devoir à remplir, aussi bien dans l'intérêt de la patrie que dans le leur : reprendre la tradition qui fit notre grande France au xviiᵉ et au xviiiᵉ siècle, encourager leurs efforts. »

Cette proposition de loi n'a qu'un article.

« Un crédit de 5 millions de francs, imputables sur les exercices 1898, 1899, 1900, 1901, 1902, est ouvert au gouvernement de Madagascar pour servir à l'établissement d'une Caisse de colonisation. »

Avant ce projet de loi, M. Leveillé avait fait une proposition de loi, relative au régime légal du domaine de l'Etat dans nos colonies, qui rentre absolument dans nos idées.

« Emu des excès de pouvoir qui se sont produits dans les concessions accordées, réclame la déclaration d'urgence de la proposition de loi suivante :

« ART. 1er. — Il sera dressé un inventaire des biens fonciers qui, en dehors de la France continentale, appartiennent à l'Etat.

« ART. 2. — Des propriétés domaniales extérieures de l'Etat, deux parts seront faites : l'une d'elles servira à la dotation de l'*armée coloniale future ;* l'autre constituera l'actif d'une caisse générale [dite de colonisation. Les ressources de cette caisse générale seront employées en dehors de la France continentale.

Le 10 juillet 1886, pour ne parler que des derniers projets, MM. Brincard, Bourlon de Rouvre, Lebaudy, déposaient une proposition de loi relative à une nouvelle organisation des troupes de la Marine ainsi qu'à la constitution et au recrutement d'une armée coloniale.

Ces messieurs disaient :

Il faut un certain courage — peut-être même, penserez-vous, une certaine présomption — pour présenter une proposition de loi relative à l'armée coloniale, alors que le nombre de projets et de propositions de loi de cette nature déposés dans ces vingt dernières années est tellement considérable que leur énumération seule serait un travail de longue haleine, alors surtout que, de ces innombrables projets, aucun n'a abouti.

Le 27 octobre 1896, un projet de loi portant organisation d'une armée coloniale fut présenté au nom de M. Félix Faure, président de la République française par M. le vice-amiral Besnard, ministre de la Marine, par M. le général Billot, ministre de la guerre, et par M. André Lebon, ministre des Colonies.

Au titre II (Recrutement), nous relevons avec plaisir ce simple passage :

c. — Au titre indigène :

D'après les règles fixées par les décrets portant réorganisation des corps de troupes indgènes.

Des allocations spéciales dont le taux et le mode de concession seront réglés par décret, sont attribuées aux caporaux, brigadiers et soldats servant dans l'armée coloniale, au titre français ou étrangers. Toutefois, ces allocations ne sont pas attribuées aux hommes des compagnies de discipline ou de disciplinaire, ni aux hommes provenant des contingents français coloniaux incorporés pour une année seulement, ou qui accomplissent leur service obligatoire dans leur colonie d'origine.

Après quinze années de services dans l'armée coloniale, les caporaux, brigadiers et soldats peuvent, *s'ils sont mariés*, recevoir sur leur demande, dans l'année qui suit leur libération, un titre de *concession sur les terres disponibles* en Algérie ou dans les colonies.

Très modestement qu'il nous soit permis de rappeler, à titre de renseignements, un article dédié à M. André Lebon, sous-secrétaire d'État aux Colonies, paru dans la *Paix Sociale* du 4 mars 1894.

Nous disions :

En homme pratique, je soumets cette idée simpliste, à M. le sous-secrétaire d'État : — Pourquoi, puisque nous rêvons un empire colonial, qui engendre fatalement une armée coloniale, n'encouragerions-nous pas les enrôlements volontaires de nos conscrits, par une *prime terrienne ?*

Oui, pourquoi ne ferions-nous pas de ces hommes libérés, brisés par leur volonté robuste à tous les maux, à toutes les rigueurs du climat, des colons, dotés d'un *lopin de terre ?*

M. Louis Pauliat, sénateur du Cher, vient de rédiger, au nom de la commission chargée d'étudier la proposition de M. Lavertujon sur la constitution des Compagnies privilégiées de colonisation, un important rapport qui sera prochainement soumis à l'approbation du Sénat, puis ensuite de la Chambre.

Ce projet de loi s'éloigne considérablement dans le fond comme dans la forme de celui auquel l'honorable M. André Lavertujon s'était arrêté. C'est un travail complet qui mérite d'être connu de tous ceux qui s'intéressent au mouvement colonial; aussi j'y ferai de larges emprunts : du reste, on n'emprunte qu'aux riches !

Ce travail, très important, qui fait le plus grand honneur à son auteur, est divisé en trois parties. Dans la première, M. Pauliat nous montre le mouvement d'expansion et d'extension de la plupart des peuples civilisés depuis une vingtaine d'années. Ils tendent de plus en plus à s'emparer de toutes les terres disponibles du globe et même de celles qui sont en dehors de la civilisation européenne. C'est ainsi que l'Angleterre comme la France, la Russie, l'Allemagne, l'Italie, l'Autriche, la Belgique, les Etats-Unis, ne cessent, depuis longtemps déjà, de s'annexer de nouvelles colonies, et M. Pauliat en conclut que les Etats qui sont restés en dehors de ce mouvement se trouveront, durant le siècle qui va commencer, dans une véritable situation d'infériorité vis-à-vis des autres.

Le rapporteur traite alors cette question si importante et tant controversée de savoir si la France sera toujours impuissante à tirer elle-même parti de ses colonies. « Si, dit-il, les Français n'émigrent pas, si leurs capitaux se refusent à aller aux colonies, si leur natalité décroît, cela tient-il à des causes irrémédiables ou à un état de choses passager ?... »

Et il fait alors un historique très intéressant et très complet de la France coloniale. Il établit notamment que, même avant que Richelieu s'occupât de doter la couronne de France de colonies, il existait dans notre pays de puissants courants d'émigration vers les contrées exotiques.

Il rappelle la création des grandes compagnies; il en fait la critique et démontre aussi quels avantages elles ont eus et parmi lesquels notamment la création, par leur intermédiaire, de nombreuses colonies.

Il y eut alors, dit le distingué rapporteur, vers le fin du xviie et pendant le xviiie siècle, un immense mouvement colonial. La France fut la première parmi les nations colonisatrices d'Europe. Ce fut l'époque de la création, par Law, de la Compagnie des Indes occidentales et des Indes orientales.

Donc, en présence de l'œuvre coloniale d'alors, on ne saurait accuser sans invraisemblance notre pays de n'être pas colonisateur. La vérité est que la France a été arrêtée dans son expansion au dehors par la Révolution, mais cet arrêt tient à des causes et à des circonstances toutes particulières auxquelles il serait facile de porter remède.

Dans la deuxième partie de son travail, M. Pauliat met en relief les causes de notre décadence coloniale au commencement du xixe siècle et les raisons pour lesquelles notre action se trouve actuellement entravée.

Sous la Révolution et le premier Empire, il était absolument impossible à la France, qui avait sans cesse à lutter pour son existence propre, d'avoir une politique coloniale. Après Bonaparte, nous avions perdu toutes nos colonies les plus importantes : le Canada, les Indes et nous avions dû rendre la Louisiane aux Etats-Unis, dans l'impossibilité où nous nous trouvions de la défendre contre les convoitises de l'Angleterre.

Les lois successorales ont eu, après 1815, une réelle influence sur l'arrêt de l'émigration de ceux qui avaient été auparavant nos principaux colonisateurs. L'abolition du droit d'aînesse, en rétablissant l'égalité de fortune dans les familles, eut pour effet de retenir dans la mère-patrie les cadets des familles riches qui, auparavant obligés de se créer une situation personnelle, avaient pour principale ressource l'exploitation de nos colonies.

Un autre obstacle à notre expansion au dehors a été le défaut d'enseignement des langues vivantes en France pendant plus de deux générations. Et si elles sont aujourd'hui enseignées, encore ne le sont-elles que d'après la même méthode que les langues mortes et comme si elles ne devaient pas avant tout être parlées.

Toutefois, il est indéniable que l'on constate aujourd'hui les symptômes les plus évidents d'une reprise de notre expansion coloniale.

Mais, affirme M. Pauliat, dans la troisième partie de son rapport, la France ne pourra tirer profit de ses possessions et retrouver son ancienne expansion coloniale qu'en renonçant aux pratiques actuelles en matière d'administration des colonies, et qu'en s'appuyant sur l'initiative privée qui formait la base des anciennes compagnies.

La première faute commise par nous au XIX⁰ siècle a été de considérer les colonies comme des parties éloignées de la métropole, devant être organisées et administrées comme des départements français et aux frais de l'État. De là, notre énorme budget des colonies ; de là, des dépenses considérables de toutes sortes, sans qu'aucun effort soit fait au point de vue de la colonisation pure.

Le chapitre écrit à ce sujet par M. Pauliat serait à citer tout entier ; nous allons le résumer :

Il est bien entendu, déclare tout d'abord le rapporteur, que les critiques qu'il formule ne sont dirigées ni contre les ministres, ni contre les sous-secrétaires d'État qui ont été jusqu'à présent à la tête des colonies. Elles dépassent de beaucoup les hommes et demeurent en dehors d'eux.

Telle qu'elle est entendue et pratiquée aujourd'hui, la politique coloniale de la France est une source inépuisable de dépenses sans le moindre profit. Elle nous demande, pour l'exercice 1898, un crédit de 100 millions, sans parler des crédits supplémentaires qui suivront ; et plus on ira, plus elle coûtera.

Elle s'occupe d'ailleurs fort peu de favoriser l'écoulement des produits français dans nos colonies. Pour 1896, nous n'avons expédié dans nos colonies que pour 104 millions de marchandises françaises, alors que l'on y a importé pour 123 millions de marchandises étrangères.

Notre politique coloniale ne fait rien en vue du développement de la colonisation et de l'émigration. Elle a si peu souci de cette question et elle la juge probablement si indigne d'elle que, sur les huit cent soixante et un millions qui ont été alloués, de 1885 à 1896, à notre administration coloniale, celle-ci n'a pas dépensé plus de 50.000 francs par an, en moyenne pour cet objet.

La politique coloniale ainsi entendue, écrit M. Pauliat, n'a jamais été celle qu'a voulue le pays et sur laquelle, à juste titre, il a fondé et fonde toutes espérances. La politique coloniale qu'il demande, qu'il désire et dont il a besoin, c'est celle qui, par une propagande active et intelligente, réveillerait notre ancienne expansion et lui rendrait sa puissance de jadis ; c'est celle qui aurait pour objectif d'ouvrir des voies de dégagement à la population ; c'est celle qui irait chercher les hommes entreprenants et ambitieux, les esprits inquiets, les activités inemployées, les capitaux disponibles à l'affût d'opérations fructueuses et qui les dirigerait vers nos possessions d'outre-mer ; c'est celle enfin qui travaillerait à faire de nos colonies des lieux d'enrichissement pour les habitants de la métropole et de riches et abondants marchés où il nous serait possible d'aller vendre et échanger nos produits.

Si nous mettions au service d'une pareille politique coloniale la moitié de ce que nous dépensons chaque année pour l'autre, en moins de vingt années nous aurions un empire colonial superbe, non seulement, comme aujourd'hui, par l'étendue et par ses richesses latentes, mais par les ressources que nous en retirerions.

L'honorable sénateur fait enfin l'historique des travaux de la commission qui ont abouti à l'élaboration d'une proposition en dix-sept articles qui peuvent se résumer ainsi :

Les concessions visées par la loi ne pourront être inférieures à mille hectares. Celles d'une étendue moindre pourront être accordées par le gouvernement ou les résidents généraux dans les conditions que déterminera un règlement d'administration publique.

Les concessions seront accordées par décrets, rendus en la forme des règlements d'administration publique.

Ces concessions seront temporaires : elles ne porteront que sur des territoires situés dans les colonies ou possessions françaises autres que la Guadeloupe, la Martinique, la Réunion, les établissements français de l'Inde, la Nouvelle-Calédonie et les établissements français de l'Océanie.

Le concessionnaire devra être Français. Si la concession est faite à une compagnie, les trois quarts au moins des membres du conseil d'administration et les directeurs devront être Français.

Tout transfert de concession devra être approuvé par le ministre des colonies.

Toute concession ne sera définitive qu'après le dépôt d'un cautionnement qui devra représenter le quarantième du capital initial engagé par le concessionnaire.

Les indigènes conserveront la propriété de l'emplacement de leurs villages, de leurs cases et de leurs terrains de culture, situés sur le territoire concédé. Leurs mœurs, coutumes, religion et organisation seront respectées, sauf en ce qu'elles auraient de contraire à l'humanité.

Les concessionnaires devront empêcher l'esclavage et la traite sur leur territoire.

Les concessionnaires pourront, avec l'autorisation du gouvernement, percevoir des taxes aux fins de travaux publics, et organiser une force de police sur leur concession.

Donc, depuis bientôt un quart de siècle que notre empire a augmenté dans des proportions inespérées, des législateurs, soucieux de mettre en valeur ce vaste domaine, se sont préoccupés d'organiser nos colonies et de créer une armée coloniale.

Tous les projets se sont entassés dans les archives de la Chambre et ne sortent que très rarement, comme un objet de luxe, des cartons verts du Palais législatif.

Il est vrai que le sous-secrétariat des Colonies a été transformé en ministère des Colonies.

Que la Chambre possède un groupe colonial, où des hommes de valeur siègent.

Que le Sénat va avoir bientôt le sien.

Tous ces efforts, certes, sont louables ; mais tout cela est insuffisant pour donner à nos colonies l'essor qu'elles attendent de notre protectorat.

Notre jeune ministre, M. André Lebon, est un travailleur, un esprit ouvert à toutes les initiatives ; tous les efforts qu'il faits nous le prouvent suffisamment.

Son voyage au Sénégal est d'une hardiesse heureuse, mais pour se permettre ce luxe, il faut être un collaborateur de M. Méline, qui a su insuffler à son ministère une longue vie de deux ans, chose unique dans les annales parlementaires de notre troisième République.

Pour remédier à cet état de chose préjudiciable à nos intérêts, il faut selon nous :

1° Organiser pour toutes nos possessions une armée *coloniale de soldat laboureur marié faisant souche;*

2° Entourer le ministre d'un *Conseil supérieur des Colonies,* composé de médecins, de chimistes, d'ingénieurs, d'explorateurs, de géographes, d'agriculteurs, de commerçants et d'industriels, afin qu'il puisse élucider promptement toutes les questions qui lui sont soumises ;

3° Nous estimons, enfin, que le ministre des Colonies (1) ne doit pas être soumis aux fluctuations des crises ministérielles, si on veut qu'il puisse faire de la bonne besogne.

En effet, nos ministres à peine connaissent-ils les affaires de leur département qu'ils quittent le ministère, et c'est toujours à recommencer ; ce sont toujours des éducations nouvelles à faire qui coûtent du temps au ministre et de l'argent aux contribuables.

Il est impossible, dans ces conditions, d'obtenir une solution de la moindre affaire.

Dans le discours que M. le Président de la République prononça au banquet que lui offrirent, à son retour de son triomphal voyage de Russie, les grands commerçants de Paris, M. Félix Faure, en chef d'État, soucieux des intérêts nationaux, invitait le Commerce à ne point piétiner sur place, l'exhortait à l'action féconde et lui conseillait l'expansion au dehors par des efforts suivis et persévérants.

Le Président de la République disait à ceux qui restent les bras croisés dans l'expectative, espérant que la politique des gouvernements suppléera à leur initiative propre, répondait :

Sans perdre un instant, élancez-vous donc à la conquête des marchés nouveaux.

Fondez à l'étranger de nombreux comptoirs qui seront pour notre influence autant de foyers de rayonnement. Favorisez l'émigration des capitaux qui, vivifiés et accrus par leur activité, feront retour à la métropole, augmenteront sa richesse et développeront sa puissance de consommation au profit de tous.

Hâtez-vous enfin de diriger vers ces régions à peine connues, encore inexploitées, les efforts individuels et les initiatives privées, sous peine de nous laisser devancer par nos concurrents étrangers et de voir notre pays exclu du rang auquel ses facultés et sa loyauté commerciale incontestée lui donnent le droit de prétendre.

---

(1) Nous en disons autant pour le ministre des Affaires étrangères, de la Guerre et de la Marine.

C'est bien servir la patrie que de faire connaître aux peuples qui s'éveillent à la civilisation, le génie si fécond de notre race laborieuse.

Du jour où M. Félix Faure a prononcé ces paroles, une orientation nouvelle a été donnée à notre jeunesse française qui s'étiole dans une inaction démoralisante.

Dans notre siècle d'électricité et de vapeur, où les métiers tissent sans tisserands, les chars roulent sans chevaux, les navires sans voiles, Mars doit être le sergent de Cérès et de Mercure — c'est-à-dire que les soldats doivent être des laboureurs-colons et non des combattants oisifs. — Oui, dès maintenant, nos soldats doivent ouvrir à notre exportation industrielle des débouchés nouveaux, non à coups de canon, mais à terminer là-bas pacifiquement la crise économique dont nous souffrons depuis de longues années.

Appliquons-nous donc à intéresser le public au progrès incessant de notre empire colonial et aux développements des pays de protectorat ; préoccupons-nous un peu des divers procédés qu'il convient d'employer pour coloniser, pour s'établir sur ces terres vierges, au milieu de ces civilisations immobilisées depuis des siècles ou encore en enfance. Rompons avec le déplorable axiome des impuissants : *Quieta non movere.*

Allons, Messieurs les exportateurs, les capitalistes, du courage et de l'audace. Il importe beaucoup de créer un courant d'idées qui emporte les esprits vers nos colonies.

En Angleterre, la presse ne tarit jamais en descriptions géographiques, en récits d'entreprises, en conseils et en offres de situation à l'extérieur. La littérature seconde cette impulsion habile. Les histoires et les romans, en racontant le succès des familles nombreuses qui jouissent de l'aisance et du bonheur dans une possession de la Grande-Bretagne, invitent indirectement à l'émigration. Chez nous, aucune sollicitation de ce genre, la poésie du clocher nous rive aux travaux forcés de l'admiration perpétuelle de notre pays.

Pour combattre cette inertie, il nous faudrait beaucoup de livres comme celui de M. Villaz (1), des articles comme ceux de MM. Hugues Leroux (2), Jules Lemaitre (3), André Mévil, de l'ouvourville, Jean Frollot ; et de nombreux discours, comme celui du père Didon.

(1) *Début d'un émigrant en Nouvelle Calédonie.*
(2) Réunis en volume, *Nos fils, que feront-ils ?* Calmann-Lévy, éditeur, 1897.
(3) Paraissant dans le *Figaro* tous les jeudis.

Comme nos voisins, nous estimons que, pour aimer nos colonies il faut apprendre à les connaître, ne serait-ce que pour les aimer d'une affection plus éclairée, plus stable ; il faut en étudier les habitudes et en parler la langue. C'est à ces conditions que la fraternité se cimente, que les échanges commerciaux s'établissent et que la réciprocité des bénéfices suit et fortifie les intérêts nationaux.

Ne voulant rien négliger, messieurs les Anglais, toujours pratiques, font enseigner dans leurs colonies la langue de la métropole, partant de ce principe absolument logique que là où vibre la langue nationale renaît la notion de la Patrie.

Voici pourquoi nous avons fondé la *Société de Propagation populaire de langues françaises et indigènes* (1).

Après ce qu'ont fait et ce que font les étrangers, voyons ce que nous devons faire.

Pour nous, le quart d'heure de Rabelais est arrivé ; quitte à jouer le rôle de Cassandre, il nous faut dire la vérité, la dire d'une forte et intelligible voix, afin qu'elle trouve écho dans les journaux et monte du journal à la tribune.

Il est manifeste, en effet, que si la France était vraiment dans l'impuissance d'utiliser elle-même ses colonies, que si l'émigration de ses enfants ne devait avoir pour elle que des conséquences pernicieuses, que si elle s'abusait de la plus étrange façon, en comptant sur ses capitaux pour faire fructifier ses territoires exotiques, en un mot que si, pour ce qui a trait aux œuvres de colonisation, elle était frappée d'une réelle incapacité par suite de défauts, pour ainsi parler, organiques contre lesquels il n'y aurait rien à faire et dont on ne pourrait espérer aucune transformation, il est manifeste, nous le répétons, qu'il n'y aurait pas à hésiter : une conclusion s'imposerait, c'est que nous devrions abandonner notre empire colonial au plus tôt. Car du moment où nous ne saurions pas trouver dans nos colonies une source de richesses, elles ne pourraient jamais être pour nous qu'une duperie et une cause d'épui-

(1) Nous voulons, tout en faisant connaître là-bas nos grands hommes, qui forment le Panthéon de l'esprit français....., nous voulons, disons-nous, favoriser la politique de l'expansion coloniale en popularisant là-bas, par une propagande active, nos chefs-d'œuvres nationaux sous forme de *tracts*, afin d'initier et d'intéresser nos indigènes aux charmes de notre belle langue française, en leur fournissant, à côté de nos morceaux choisis, une traduction fidèle appropriée à leur idiome. — Par ricochet, notre ambition est de faire connaître ici, de bonne heure, sur les bancs de l'école, sous une forme récréative, à nos jeunes gens, les secrets et la prononciation des langues indigènes, qu'ils seront un jour appelés à entendre, à comprendre et à déchiffrer, soit comme soldats ou comme négociants coloniaux, car la poussée vers les *autres France* s'accentue, l'avenir de nos enfants est là-bas au delà des mers.

sement ; et la raison : c'est que tous les efforts et toutes les dépenses auxquels nous nous laisserions aller à leur sujet n'auraient, finalement, pour résultat, que de contribuer à l'enrichissement des étrangers qui iraient s'y établir, que de rémunérer les capitaux étrangers qui s'y emploieraient, que d'y créer et d'y organiser des marchés, lesquels, dans un temps donné, seraient fatalement destinés à nous échapper.

C'est entendu, sous peine de décadence, il faut nous ingénier à tirer parti de notre empire colonial.

Maintenant, comment devons-nous procéder pour coloniser pratiquement et économiquement des espaces aussi vastes ?

Comment y arriver, puisque l'action individuelle est insuffisante et que celle de l'État l'est également, alors qu'il s'agit d'un territoire énorme en pays inorganisé ?

Poser la question, c'est la résoudre ; car il faut distinguer de suite entre le commerce et la colonisation de peuplement ; ce sont des choses différentes, en ce sens que la seconde est la mère nourricière de la première, et la souche féconde de la race qui survit à travers les âges.

Car il faut se pénétrer que la colonisation comporte une double action : action sur les hommes, dit M. Paul Leroy Beaulieu (1) et action sur la nature.

Il y a trois procédés différents pour exercer une influence sur les hommes et la nature en pays à coloniser.

En premier lieu, l'action individuelle ; en second, l'action de l'État, et en troisième lieu une action mixte, l'action de ce qu'on appelait autrefois des « corps intermédiaires ».

De ces corps intermédiaires, composés du *soldat laboureur marié* combinés de l'effort mutuel du travail et du capital, sur les bases de la participation aux bénéfices, nous allons essayer, dans le cours de cet ouvrage, d'en esquisser l'organisation, avec ses avantages déterminés, ses devoirs prescrits et ses statuts spéciaux.

Maintenant nous soumettons ces réflexions et celles qui vont suivre à ceux qui ont à cœur le développement de notre empire colonial et l'expansion de l'esprit français à travers le monde.

(1) *Les Grandes compagnies de colonisation.* Léon Chailley ; Paris, 1895.

LA POLITIQUE COLONISATRICE D'HIER

ET CELLE D'AUJOURD'HUI

Il n'est pas inutile de rappeler notre passé colonial du xviie et du xviiie siècle, car il atteste qu'avant la Révolution, la France a été le premier pays colonisateur de l'Europe.

Du reste, la sage politique coloniale de Louis XIV et de Richelieu a été admirablement comprise et soutenue par la nation.

En allant au fond des choses, on est obligé de reconnaître et d'avouer que tout ce qui a été acccompli au xviie et au xviiie siècle, tout ce qui y a été fait, tout ce qui y a été obtenu, l'a été au total, par le pays lui-même et par le pays seul, au moyen de ces sociétés privées qu'on appelait des Compagnies, au moyen des capitaux privés dont ces Compagnies disposaient, et au moyen de cette foule d'émigrants que le désir du mieux, le goût des aventures et le besoin de mouvement, poussaient de leurs provinces aux colonies.

Sans le pays qui y alla généreusement de son initiative, de son argent et de ses enfants, les résultats immenses que nous venons de voir n'auraient jamais pu être réalisés; et pour qu'ils aient été réalisés, il a fallu que la France fût douée de qualités colonisatrices hors ligne, et d'un véritable génie en ce qui touche à la colonisation.

D'abord, après nos guerres de la Révolution et de l'Empire et l'état de choses qui en fut la suite, toutes nos idées de politique générale en ce qui concernait les colonies se trouvèrent comme oblitérées.

Les hommes de la Révolution avaient compris au même degré

que Richelieu et Louis XIV les avantages supérieurs que les possessions coloniales pouvaient avoir pour notre pays, à qui elles permettaient d'acquérir de l'extension et de prendre de l'essor. Il n'y a donc point lieu d'être étonné qu'au milieu de toutes les difficultés intérieures, ils se soient occupés de cette question. Une Commission avait été chargée par eux de faire une enquête sur Saint-Domingue pour examiner par quels moyens on y pourrait développer la colonisation sur une large échelle. Et un membre de l'Assemblée nationale qui, en matière coloniale, jouissait d'une compétence universellement reconnue, Lescallier, avait été envoyé à l'Ile-de-France en vue d'une étude analogue sur Madagascar; il devait étudier ce qu'il était possible de faire de cette grande île et préparer tout un plan à son sujet. Aussitôt son avènement, la Convention s'était empressée de confirmer la mission de Lescallier, qui resta absent quatre années.

On ne doit pas être surpris qu'à son retour les rapports de Lescallier soient demeurés enfouis dans les cartons du ministère. Nous étions en pleine guerre européenne; alors que l'existence même de la métropole était en jeu, ce n'était guère le moment de songer à la création de colonies.

Ces colonies et ces centres de colonisation étaient en telle quantité et d'une vitalité telle que l'on peut dire que, sous le rapport de l'émigration et de l'occupation effective des territoires neufs par la culture, la France, au XVII° et au XVIII° siècle, a tenu la tête des nations en Europe. Nous étions, en effet, dans le Canada, dans tout le bassin du Mississipi, dans presque toutes les Antilles, dans une partie de Saint-Domingue, à Madagascar, à l'Ile-de-France, à l'Ile Bourbon, aux Seychelles; nous avions planté de tels jalons dans les Indes, que, sans Versailles, elles devaient être à nous dans un temps donné; sur la côte occidentale d'Afrique, notamment au Sénégal et à Widah, nous avions d'importants comptoirs.

Pour citer un seul exemple, au XVIII° siècle, Madagascar, où, en 1860, résidait à peine une demi-douzaine de Français, avait toute sa côte est, de Vohémar à Fort-Dauphin, garnie de lieux de traite où les Français de l'Ile-de-France et de Bourbon entretenaient des comptoirs et faisaient le commerce. Rien qu'à Foulpointe, localité de la côte tout à fait délaissée aujourd'hui et située en face de l'île de Sainte-Marie, le commerce des riz, bœufs et volailles s'élevait à plus de 2 millions de livres par année, sans parler de 3 à 4,000 esclaves, en grande partie Hovas, « qui s'y trai-

2

taient (1). » Tamatave était une ville française, peuplée de nombreux Français qui, pendant les guerres de l'Empire, s'étaient armés et avaient formé deux compagnies pour résister aux attaques de l'Angleterre; et si, en 1811, Tamatave capitula, ce ne fut qu'après la prise de l'Ile-de-France et de Bourbon et devant les menaces de bombardement d'une escadre anglaise, composée de sept navires de guerre.

En se livrant à des recherches bibliographiques sur le xviii⁰ siècle, on est frappé de voir quelle place les colonies tenaient dans le mouvement intellectuel du temps. Sans parler des ouvrages de voyages proprement dits, dans les œuvres de littérature pure, à chaque instant il est question du Canada, de l'Amérique, des Indes, de la Chine, des Antilles, de l'Afrique, de l'Ile-de-France, etc., témoignage que, bien loin d'être confinée à Versailles ou à Paris ou même limitée à notre territoire d'Europe, comme on serait porté à le croire, la vie nationale débordait sur la majeure partie du monde et l'attention publique de la métropole s'attachait avec un intérêt réel aux pays et aux choses d'outre-mer.

Si le moindre doute pouvait subsister à cet égard, il n'y aurait, pour le lever, qu'à se rapporter aux opérations financières de Law. Il y a là des faits historiques qui, en ce qui concerne les colonies et la colonisation, jettent le jour le plus éclatant sur l'état des esprits et de l'opinion dans le premier quart du xviii⁰ siècle. Ils montrent quelle confiance régnait en France pour toutes les entreprises coloniales, et même quel engouement lorsqu'on pouvait être persuadé qu'elles seraient bien conduites.

Lorsqu'en 1717, Law obtint du régent la concession de la Louisiane pour vingt-cinq années avec le monopole du commerce, il entrevit la possibilité de donner beaucoup d'ampleur à l'affaire et conçut le dessein de créer une vaste entreprise. Il racheta les concessions de toutes les petites Compagnies instituées du temps de Richelieu et de Louis XIV, il les fondit toutes dans une seule Compagnie, celle des Indes occidentales ou Compagnie d'Occident, au capital de 100 millions de livres, divisé en 200,000 actions de 500 livres chacune.

Le public de France avait une foi tellement entière dans la réussite de l'affaire que les actions de la Compagnie furent immédiatement placées et atteignirent les plus hauts cours.

(1) *Papiers du général Decaen* (Bibliothèque municipale de Caen), vol. 101. Voir le manuscrit signé *Mayeur* et intitulé *Mémoires*. Ce travail avait été fait pour le général Decaen qui commandait alors à l'Ile-de-France.

En 1719, c'est-à-dire moins de deux ans après, la concession ayant été étendue aux Indes orientales, dans le but ou sous le prétexte de donner à notre commerce de ce côté une puissante organisation, Law fit une nouvelle émission de 25 millions de livres, en 50,000 actions de 500 livres dont chacune fut vendue au prix de 550 livres. Cette nouvelle émission fut bientôt suivie d'une troisième de 50 millions de livres divisés en 100,000 actions de 500 livres, mais qu'on ne livra aux souscripteurs qu'à 1,000 livres l'action.

Toutes ces actions furent souscrites d'enthousiasme, et la confiance dans l'excellence de l'entreprise était si générale que tout le monde en voulait et qu'à un certain moment le taux de l'action de la Compagnie s'éleva jusqu'à 20,000 livres.

C'est ce succès qui perdit Law ; il en fut enivré, et s'étant lancé dans des opérations de banques, de conversion de la dette et de trésorerie d'Etat, tout s'effondra.

Mais si les affaires coloniales n'avaient pas eu alors pour elles le sentiment public, s'il n'avait pas existé partout cette opinion générale que bien conçues et bien dirigées, les affaires de ce genre rapportaient des bénéfices considérables, il est de la dernière évidence que les émissions de Law n'auraient jamais reçu l'accueil qu'elles ont obtenu.

Avec Napoléon Ier les préoccupations demeurèrent les mêmes. C'étaient les affaires d'Europe qui devaient exclusivement accaparer notre attention. Nous dûmes même nous dessaisir de notre admirable colonie de la Louisiane et la vendre aux Etats-Unis dans la crainte que, n'ayant pas la possibilité de la défendre, elle ne tombât aux mains des Anglais.

Une fois l'Empire renversé et la paix rétablie, nous nous trouvâmes sous le rapport colonial dans une situation bien différente de celle où nous avions été auparavant. De toutes les colonies fondées par nous et qui nous avaient appartenu aux siècles précédents, il ne nous restait pour ainsi dire plus rien : quelques Antilles, l'île Bourbon, nos cinq comptoirs des Indes, la Guyane, le Sénégal, c'est-à-dire des pays à peu près complètement peuplés et où, par suite, il n'y avait presque plus rien à faire, ou des contrées réfractaires à tout peuplement européen.

Avec cela nous étions épuisés par les vingt-cinq années de guerres et de troubles de la Révolution et de l'Empire. Nous avions traversé une tourmente effroyable, sans exemple dans l'histoire des autres peuples. Et nous en étions sortis ayant perdu plusieurs millions d'hommes, toutes les anciennes conditions sociales bouleversées, de même qu'entièrement abolis les principes sur lesquels la France avait vécu pendant toute son histoire.

Non seulement, les traités de 1815 signés, nous avions à nous remettre de toutes les épreuves passées, à nous reconstituer et à nous ressaisir comme nation ; mais de plus nous demeurions en butte à l'hostilité de toutes les cours d'Europe, portées à considérer notre Gouvernement, quel qu'il fût, comme un ennemi. Pendant vingt-cinq années, en effet, nos doctrines et nos armes avaient mis tous les trônes en péril ; et, bien que nous eussions été vaincus, l'Europe n'avait pas une inébranlable confiance en sa victoire ; elle vivait dans l'appréhension de nous voir nous relever quelque jour, ou du moins de voir nos idées de la Révolution reprendre vie et, gagnant par la contagion tous les autres peuples, provoquer partout des explosions.

Louis-Philippe crut devoir renoncer à toute visée de politique coloniale. C'était un recul de plus de deux siècles dans la conception qui présidait depuis Richelieu à la direction gouvernementale de notre pays. Madagascar, par suite, fut abandonnée et si l'on ne rappela pas nos troupes d'Alger, on les y laissa d'une façon toute provisoire, sans déclarer que nous y demeurerions ; c'est seulement vers 1840, c'est-à-dire dix ans après, qu'on se résolut enfin à dire que nous ne quitterions pas l'Algérie.

Ainsi, à partir de 1830, c'en était fait ; toutes les préoccupations, toutes les ardeurs et toutes les passions politiques de la France se concentrèrent désormais sur les affaires intérieures, et nos divisions intestines nous absorbèrent totalement.

On perdit le sens des colonies, du rôle considérable qu'elles doivent jouer dans la vie d'un peuple à qui l'on veut donner la possibilité d'atteindre tout son développement ; dans l'ensemble du public, elles ne furent plus regardées que comme des territoires éloignés, situés « à l'autre bout du monde », pouvant être tout au plus utiles comme points de relâche et de ravitaillement pour les flottes de guerre ou la marine marchande.

Aux yeux de la plupart, il ne nous était pas moralement permis d'abandonner celles que nous possédions parce que notre drapeau y flottait depuis de trop longues années et qu'elles étaient habitées par une population d'origine française ; mais tout le monde semblait d'accord pour convenir qu'elles ne nous étaient d'aucune utilité et que nous n'avions aucun intérêt à en augmenter le nombre.

« La colonisation on la dédaignait presque, comme un anachronisme; on l'abandonnait à la Grande-Bretagne comme le monopole naturel d'une puissance séculaire (1). »

Telles étaient les idées qui, à partir de 1830, furent systématiquement propagées sur les colonies dans le pays et qui, jusque dans ces derniers temps, ont continué à y régner.

On peut dire que la France est redevenue coloniale malgré elle, grâce à l'obstination de Jules Ferry.

Sous son souffle les Français ont obéi à un instinct obscur, impérieux, et qu'elle ne se définissait pas elle-même; on la vit tout à coup agitée d'un désir inexplicable et vouloir à tout prix et partout le plus de territoires nouveaux possible, sans paraître se demander, sans même chercher à savoir ce qu'elle en pourrait jamais faire ni ce qu'ils lui coûteraient. Et il fut donné d'assister à ce spectacle vraiment singulier de notre pays, sans le moindre plan préconçu ni raisonné, sans aucun des moyens d'action exigés pour le but à atteindre, bien mieux même, avec un manque d'expérience qui s'accusait hier encore dans la campagne de Madagascar, de notre pays, disons-nous, se lançant à l'aventure dans une série de conquêtes coloniales, tenant l'oreille fermée à tout, n'admettant que des conseils de sentiment ou d'imagination.

Il est certain, que ces conquêtes opérées ainsi sans nécessité reconnue, sans préparation, dans une sorte de fièvre, constitueront pour le philosophe un phénomène historique des plus curieux. Mais ce qui sera non moins curieux, c'est qu'en raison des conséquences que la possession de colonies aura au siècle prochain pour les peuples, la génération qui nous suit sera très vraisemblablement portée à considérer comme des actes de haute sagesse et de profonde prévoyance des expéditions que la plupart des contemporains et non des moins autorisés, auront regardées de leur vivant sinon tout à fait comme des folies, du moins comme des imprudences très blâmables.

Quoi qu'il en soit, et en s'en tenant aux faits, les acquisitions que la France a opérées de la sorte sont considérables.

Au cours d'une période de moins de vingt ans, nous avons successivement planté notre drapeau en Tunisie, au Congo, à la Côte-d'Ivoire, au Dahomey, dans le Soudan, à Tombouctou, dans la région du Haut-Oubanghi, du lac Tchad, etc. Notre riche possession de Cochinchine s'est accrue du Cambodge, de l'Annam et du Tonkin; les Nouvelles-Hébrides ont été ajoutées à la Nouvelle-

<hr>

(1) *De la Colonisation chez les peuples modernes*, par Paul Leroy-Beaulieu, Guillaumin et Cⁱᵉ, Paris.

Calédonie ; et il n'y a pas deux années nous nous annexions l'île de Madagascar dont l'étendue dépasse celle de la France de plus de 60.000 kilomètres carrés (1).

Que demain les questions du Siam, du Niger, du Sud-Algérien, du Bahr-el-Ghazal et du Haut-Nil soient définitivement réglées, — les solutions peuvent intervenir d'un moment à l'autre, — et notre pays se trouvera à la tête d'un vaste empire colonial de douze à quinze millions de kilomètres carrés.

Assurément cet empire sera loin d'approcher comme étendue et comme richesse de celui de l'Angleterre, mais il n'en restera pas moins très respectable.

Dans ces conditions, nous sommes donc en droit d'être tranquilles si nous savons être pratiques.

La France peut en toute sécurité prévoir et affronter les éventualités économiques du xxe siècle et même xxie. Avec les colonies qu'elle possède aujourd'hui, elle aura le moyen, pendant plusieurs générations, d'offrir un immense champ d'activité à l'esprit d'entreprise, à l'ambition et aux capitaux de ses enfants, sans parler des nombreux débouchés et des marchés privilégiés qu'elle y pourra créer pour les industries et le commerce de la métropole.

Jules Ferry croyait au tempérament colonial des Français ; avec une obstination que rien n'a démenti, il voulait reprendre la politique coloniale de Richelieu.

· Pacifique par tempérament, nous eûmes l'idée en 1885 de dédier à M. Jules Ferry un travail, qui n'a jamais eu les honneurs de la librairie, dans lequel nous préconisions l'échange de nos possessions tonkinoises contre l'Alsace et la Lorraine.

---

(1) Dans l'*Officiel* du 22 mars 1898, nous lisons :

LOI déclarant les Iles-sous-le-Vent de Tahiti partie intégrante du domaine colonial de la France.

Le Sénat et la Chambre des députés ont adopté,
Le Président de la République promulgue la loi dont la teneur suit :

Article unique. — Les Iles-sous-le-Vent de Tahiti font partie intégrante du domaine colonial de la France.

La présente loi, délibérée et adoptée par le Sénat et par la Chambre des députés sera exécutée comme loi de l'Etat.

Fait à Paris, le 19 mars 1898.

Par le Président de la République : ·
FÉLIX FAURE.

Le ministre des colonies,
ANDRÉ LEBON,

Le ministre des affaires étrangères,
G. HANOTAUX.

L'ancien ministre, de son écriture très fine, nous répondit :

Paris, le 6 décembre 1885.

MONSIEUR,

J'ai l'honneur de vous remettre le manuscrit que vous avez bien voulu me remettre. Les conclusions qui me semblent s'en dégager sont contraires à la politique que j'ai suivie : je n'aurais donc aucun titre pour en accepter la dédicace.

Recevez, Monsieur, l'assurance de mes sentiments distingués.

JULES FERRY.

On peut donc dire, sans crainte d'être démenti, que Jules Ferry est resté jusqu'à la mort fidèle à sa ligne de conduite.

Sa politique, qui apporta à la France le Tonkin et Tunis, lui valut sa terrible impopularité.

Le célèbre Tonkinois de Rochefort est mort avant d'avoir vu le triomphe de sa politique, mais ses fidèles disciples la poursuivent pour le plus grand bien de la patrie.

Dans un travail inachevé (1), écrit en 1890 pour le *North American Review*, Jules Ferry disait :

« Je ne suis pas seulement un soldat qu'on interroge sur ses campagnes, j'ai le droit et la volonté de parler en historien.

« Le caprice de mes concitoyens m'a écarté, pour un temps, de la politique active. J'ai, pour la première fois, depuis tant d'années, le loisir de philosopher ; j'en userai librement. Je puis considérer de plus haut le champ de bataille ; la fumée du combat n'obscurcit plus mes yeux. Le regret du pouvoir ne m'a d'ailleurs, en aucun temps, troublé la vue. J'ose me rendre ce témoignage que je ne suis pas de ceux que l'épreuve a aigris. Certes, je ne trouve point juste celle qui m'est imposée, mais je la subis sans colère, sans murmure, comme la tempête brutale ou le flot déchaîné. Si je n'ai pas toute l'impartialité, j'en sens en moi le commencement, le principe, les salutaires apaisements. »

Jules Ferry, en patriote éclairé, avait vu se dessiner ce mouvement colonial dont il est impossible aujourd'hui de contester l'existence qui, bien loin de se ralentir, va sans cesse s'accélérant. Si l'on jette les yeux sur une carte du globe, on se rend tout de suite compte qu'avant une trentaine d'années toutes les anciennes terres disponibles du monde ou qui appartiennent à des peuples

(1) *Revue de Paris*, 1er juillet 1897.

qui ne partagent pas notre civilisation, auront des maîtres, et que la plupart des nations civilisées se les seront appropriées.

Or, comme ces territoires sont en grande partie à peupler, à organiser, à exploiter industriellement, commercialement ou par la culture, les hommes politiques avisés ont le devoir de se demander ce qu'il adviendra des pays européens qui, ayant manqué de prévoyance, n'auraient pas eu la précaution de s'arranger pour en prendre leur part, et qui devraient désormais se contenter de ce qu'ils possèdent en Europe.

N'oublions pas que lorsque la mort surprit Gambetta, le grand tribun de notre troisième République, étudiait notre système colonial avec l'ardeur qu'il mettait toujours au service de son pays. Il avait annoncé son intention de faire plusieurs conférences sur nos colonies, sur la nécessité de les étendre et d'occuper le Tonkin ; sa première conférence devait avoir lieu à Lyon le 5 janvier.

Trois jours avant sa mort, un ami étant venu le voir, le trouva entouré de plans et de cartes. *Je travaille pour la France, lui dit le grand patriote. Puis, lui montrant du doigt le Tonkin : Voilà ajouta-t-il, l'avenir colonial de notre pays !*

Malheureusement on a hésité, piétiné, avançant d'un pas, reculant de deux, détruisant le lendemain ce qu'on avait fait la veille ; finalement, après bien des erreurs et des à-coups, on n'est pas encore arrivé à la pratique.

Il est vrai que nos anciennes facultés d'essaimage et de colonisation ne se manifestent plus comme autrefois par des actes. Mais ces facultés nous les possédons encore, et on peut dire qu'elles sommeillent en nous ; la source n'en est point tarie.

Et, quand on dit que notre population est devenue casanière, qu'elle n'émigre plus, qu'elle a une réelle répugnance à émigrer, on a tort d'ajouter que cela vient d'un affaiblissement de notre vitalité sociale ou d'une transformation qui s'est opérée dans les conditions physiologiques de la race française.

Cela tient uniquement à des causes extérieures et tout artificielles, dont nous allons mettre les principales en relief.

C'est tellement évident à nos yeux que, dans notre conviction, il suffirait d'un peu d'action gouvernementale pendant une dizaine d'années, ou plus simplement de quelques lignes créées par l'initiative privée et qui éclaireraient l'opinion, pour que les choses fussent promptement remises en état.

Nous avons la conviction que si ce mouvement est bien dirigé, rien que par le seul jeu de la dynamique sociale, la France se retrouvera et reprendra ses tendances traditionnelles.

Néanmoins, il faut le reconnaitre, ces causes tiennent simplement à un ensemble de circonstances, d'événements et de fausses directions imprimées aux intérêts, à l'esprit public et aux mœurs. Et elles sont, par conséquent, les effets de causes extérieures toutes secondaires, qui n'ont jamais eu leur origine dans le tempérament de notre race, et dont il nous sera facile de secouer l'influence dès que nous le voudrons.

Et d'abord il y a un premier point qu'il n'est pas possible de mettre en doute, quand on connait l'histoire : c'est qu'au point de vue des colonies et de la colonisation, le Français de nos jours n'a aucune ressemblance avec le Français d'autrefois, et que, sous ce rapport, ils présentent de telles différences entre eux, qu'on ne se croirait jamais devant des hommes de la même race et du même pays.

QUE FAISONS-NOUS DE NOS COLONIES?

Maintenant que nous avons depuis quinze ans un empire colonial dont l'étendue est seize fois plus grande que la France, il nous est bien permis, disons-nous, de nous demander si nous avons su tirer tous les avantages de nos admirables possessions.

Il faut bien confesser que jusqu'à ce jour, nous avons toujours procédé avec incertitude, sans suivre une méthode pratique, fût-elle même médiocre, et c'est sans doute à ces tâtonnements continuels que nous devons de passer, même à nos propres yeux, pour ne pas avoir l'esprit colonisateur.

Qu'avons-nous fait de cette belle et fertile Algérie? Sur les huit millions de kilomètres carrés de terres africaines, il y en a cinq dont nous ne ferons absolument rien tant que nous n'aurons pas changé notre mode de colonisation.

Et cependant, nous y avons englouti des sommes prodigieuses dont le total officiellement constaté dépasse aujourd'hui *quatre milliards*.

L'Algérie et la Tunisie progressent, il est vrai, mais avec quelle lenteur, comparativement à l'énergique impulsion donnée aux exploitations de toutes sortes, dans le sud de l'Afrique, par les Anglais.

Voici le tableau de l'accroissement de la population française en Algérie de 1833 à 1891 :

1833.	3.478 Français.
1836.	5.485 —
1841.	16.677 —
1845.	46.339 —
1851.	66.050 —

1856.	92.750 Français.
1861. . . :	112.229 —
1866.	122.119 —
1872.	129.601 —
1876.	156.365 —
1881.	233.937 —
1886.	259.729 —
1891.	271.101 —

Le résultat est maigre, lorsqu'on songe que les étrangers forment la bonne moitié de la population algérienne. Que de réformes, d'améliorations à faire ! A quand le Transsaharien qui pourra maintenant être prolongé jusqu'à Tombouctou ?

A quand l'élevage de l'autruche, dont la colonie du Cap retire environ trente millions par an de l'exportation de ces plumes. Pourquoi ne pas entrer dans cette voie, puisque l'élevage des autruches serait une source de revenus importants et que l'on trouverait dans cet animal un auxiliaire précieux pour la destruction des criquets, dont il fait une énorme consommation ?

Dans le *Journal officiel de l'Afrique occidentale française* nous lisons un discours de M. Chaudié, gouverneur général de l'Afrique occidentale française, prononcé à l'ouverture de la session ordinaire du Conseil général du Sénégal, dans lequel il exhorte les Sénégalais à unir leurs efforts à ceux de l'administration en vue d'augmenter la valeur et l'abondance des produits d'exportation de la colonie. M. Chaudié a déclaré que sur les conseils de l'ingénieur agronome certains indigènes avaient employé la charrue pour la culture de l'arachide et obtenu un rendement de 6.000 à 10.000 kilogrammes de graines fraîches au lieu de 1.000 à 2.500 kilogrammes obtenus auparavant par les noirs avec leurs procédés primitifs de culture.

Il paraît que les principaux chefs des régions du Cayor et du Diambour, en voyant de tels résultats, ont demandé à l'administration de leur fournir des charrues. Ces charrues ont été aussitôt commandées en France.

On se propose, en outre, de faire venir au Sénégal deux agents pratiques sortant d'une ferme-école, qui apprendront aux indigènes à manier la charrue, qu'on a l'intention, paraît-il, d'employer maintenant à la culture du mil. Si on rapproche ces projets de ceux concernant la distillation du mil, on peut espérer que le Sénégal profitera bientôt largement des efforts que nous faisons en ce moment en Afrique occidentale en faveur d'une colonisation pratique.

En tout cas, la moralité à tirer de tout ceci, c'est que les noirs sont disposés à travailler à la mise en valeur de leur pays, et à suivre les conseils que nous sommes à même de leur donner à cet égard; c'est déjà un point acquis.

Un récent décret présidentiel rendu sur la proposition du ministre des Colonies vient de désaffecter à la Nouvelle-Calédonie, en vue de les attribuer à la colonisation libre, 42.919 hectares à prendre sur les 110.000 que le décret de 1884 avait réservés à la transportation pénale.

La Tunisie a vaguement la forme d'un parallélogramme qui mesure 550 kilomètres dans sa plus grande dimension et 250 en moyenne dans sa plus petite. Sa superficie est d'environ 130.000 kilomètres carrés, qui peuvent être divisés de la manière suivante :

Terres labourables.	2.600.000	hectares
Vignes	7.800	—
Oliviers.	220.000	—
Palmiers	19.000	—
Figuiers de Barbarie . . .	34.000	—
Boisements.	810.000	—
Terres de jouissance. . . .	5.180.000	—
Dunes littorales.	15.000	—
Dunes sahariennes	1.800.000	—
Alfa.	1.500.000	—
Lacs, sebkhas, rivières . .	1.100.000	—
Routes, villes.	31.000	—

La population de la Tunisie est d'environ 1.500.000 habitants. La population française établie en Tunisie, d'après le recensement effectué le 29 novembre 1896, est de *17.000 personnes*, sans compter l'effectif de la Division d'occupation. La population française a augmenté des deux tiers pendant les cinq dernières années.

L'Indo-Chine, qui est une partie considérable de notre empire colonial, est, hors de tout conteste, la partie la plus précieuse, la plus riche d'avenir. Tous les éléments de prospérité et de grandeur s'y rencontrent : terre fertile, population abondante, eau à profusion, climat salubre, altitudes variées. De plus, elle est contiguë à la Chine, non pas sans doute aux régions les plus riches de la

Chine et les plus peuplées, mais à des provinces, telles que le Yunnan, dont la clientèle serait encore extrêmement profitable, sans parler d'autres provinces, sollicitées, pour l'exportation de leurs produits, par trois voies différentes, la voie du fleuve Bleu, pour déboucher non loin de Shanghaï, la voie du Si-Kiang pour aboutir auprès de Canton et la voie du Tonkin. La voie du Tonkin est physiquement la plus courte, il dépend de nous qu'elle devienne la plus commode et la plus économique.

En effet, c'est une terre privilégiée, comblée des dons les plus précieux de la nature. Le sol est d'une fertilité incomparable, il produit en abondance : le riz, le thé, les céréales, la canne à sucre, le ricin, le coton, l'indigo, le tabac, la canelle, etc.

Ses montagnes sont couvertes de forêts contenant plusieurs espèces d'arbres propres à l'industrie, et spécialement : le bambou, le bois de fer, l'arbre à vernis, le chêne, le sapin et l'ébénier. Elles recèlent dans leurs flancs de riches mines de fer, de plomb, d'étain, de cuivre, d'argent, d'or et de mercure; plusieurs cours d'eau roulent des pépites d'or.

Les arbres des vergers produisent des fruits aussi savoureux que ceux du Midi de la France. Le kaolin, le cristal de roche et les marbres y abondent, de même que les gisements de houille.

Mais ces riches produits sont peu exploités, en raison des entraves suscitées par les mandarins.

En raison de cette brillante situation, il faut songer à l'avenir; aussi enregistrons-nous avec plaisir la réflexion que M. Alphonse Humbert a faite dans *l'Éclair* :

Ce n'est ni fait, ni facile à faire. Partager la Chine, comme ça tout de suite, non, certes, personne n'en a la pensée. Seulement, tout le monde prévoit que la chose doit arriver un jour, et chacun se dit qu'il est sage de se mettre d'ores et déjà en mesure de tirer de l'événement, quand il se présentera, le meilleur profit possible.

C'est, il est à peine besoin d'y insister, à ce point de vue que doit être envisagée notre politique dans les mers de Chine, au moment où l'Allemagne s'assure, par la prise de possession de Kiao-Tcheou, une base d'opération importante en vue de son action future. Il ne s'agit pas pour nous actuellement de partir en guerre; il s'agit simplement de prendre des garanties nécessaires à la sauvegarde de nos intérêts en Extrême-Orient. Notre situation dans la partie de l'Asie qui semble devoir être un jour, peut-être avant un quart de siècle, le théâtre des plus graves perturbations, est privilégiée, puisque nous y occupons un vaste Empire contigu à trois des plus riches provinces de la Chine. Il s'agit de ne rien pordre de nos avantages. L'Allemagne fait un pas ; la Russie a déjà pris ou va prendre ses compensations ; l'Angleterre n'a pas encore dévoilé son jeu, mais personne ne croit qu'elle soit d'humeur à laisser modifier à son détriment l'équilibre des influences. Nous avons même intérêt et même devoir. Si les autres poussent leur pion, nous pousserons le nôtre.

Quelle case de l'échiquier devons-nous viser ? Le gouvernement est mieux placé que nous pour le savoir. Le point, c'est seulement que le coup que nous allons jouer soit subordonné aux intérêts de la grande partie que nous savons devoir s'engager un jour. L'opération qu'il faut faire, c'est celle qui contribuera le plus à protéger contre toute entreprise de nos concurrents la partie de Chine qui doit tomber un jour dans nos mains.

M. Hanotaux sait, mieux que personne, que c'est à la colonisation que s'applique surtout la fable du Lièvre et de la Tortue :

> Rien ne sert de courir, il faut partir à temps.

Si les étrangers ont fait de grandes choses dans leurs colonies, il n'en est pas de même chez nous ; quel parti avons-nous su tirer d'Obock depuis 1862 ? Du Soudan, où nous sommes établis depuis 1625 ; du Gabon Congo, où nous sommes installés depuis 1842 ?

Brazzaville est habité par deux *quarterons* de blancs ; la soi-disant ville, avec ses cases couvertes de feutre blanchi, ne donne pas une bonne idée de nous, à nos voisins belges de Stanley-Pool, de l'autre côté du Congo.

Voulez-vous des renseignements tout frais, lisez l'*Éclair* du 15 février 1898, et vous trouverez en première page cette lettre de M. de Béhagle :

Brazzaville, 13 décembre 1897.

Ayant à remplir une tâche synthétisée dans la courte formule du *Congo à la Méditerranée*, je me débats depuis six mois dans les lacets de l'administration congolaise. Je viens justement d'en briser les derniers rets, mais le soulagement que j'en éprouve est bien compensé, je vous assure.

C'est grand'pitié vraiment de voir l'œuvre d'un penseur et d'un homme d'action comme de Brazza gâchée et rendue irréalisable par l'ambiance qui se dégage des règlements de l'administration maritime importés, à la suite de nos navires de guerre, dans toutes nos colonies.

Au milieu du déroulement bruyant des phases de l'évolution sociale, l'Afrique équatorale dormait comme un fonds de réserve dans les coffres-forts d'un capitaliste soucieux de l'avenir. En vain les hardis navigateurs du xv° et du xvi° siècle signalèrent-ils les prodigieuses richesses de la partie inter-tropicale du continent, le vieux monde s'obstina à ne pas les entendre, et ferma les yeux aux plus riantes promesses comme à un mirage trompeur.

Le plus grand fleuve du continent, le Congo, qui développe parmi des régions très fécondes un réseau de plus de cinquante mille kilomètres de voies navigables, ne tenta personne, au point qu'un officier français, qui commandait à son embouchure le poste de « Boma », abandonna vers la fin de l'Empire cette situation privilégiée comme n'offrant aucun intérêt, ni aucun avenir !

Cinq ou six ans après, un autre officier de marine vit la région et la jugea d'une façon toute différente. Comment un pays, fortement chauffé par le soleil, très abondamment arrosé par les pluies sillonné par des fleuves auprès desquels la Seine, la Loire et le Rhône ne sont que des ruisselets, couverts d'humus, dans lequel prend vie une végétation exubérante, comment un tel pays resterait-il séparé du domaine de l'humanité ?

Son climat semblait, à la vérité, devoir en écarter l'émigration européenne, mais le long des fleuves et des rivières, et dans toutes les clairières de la forêt, une population autochtone ne se reproduisait-elle pas dans des conditions normales ? Prendre ces peuplades si près de l'animalité que chaque groupe familial voit dans son voisin un troupeau bon à chasser comme un gibier de choix ; leur apprendre les avantages de la solidarité, la nécessité de la hiérarchie, le bénéfice de la prévoyance ; les amener ainsi à la civilisation par un apostolat pacifique et désintéressé, n'était-ce donc pas un rôle capable de tenter une nation ouverte aux idées humanitaires, telle que la France ?

Et puis, en définitive, ajouter au domaine de la patrie un immense pays, fût-il même fécondé par des gens de race et de couleur différentes, pourvu qu'ils parlassent notre langue et qu'ils prissent notre tournure d'esprit, n'était-ce pas faire œuvre de bonne administration et de bonne politique ? Et, tout plein de son idée, Pierre de Brazza la sema aux quatre vents de notre monde politique et scientifique, et il convainquit.

Pour entreprendre une œuvre aussi considérable, il lui fallait deux choses: du temps et de l'argent. Facilement il obtint un blanc-seing de confiance d'une quinzaine d'années : l'argent exigea de tout autres efforts. Je le connais ce calvaire de l'homme hanté par une idée à laquelle il a dévoué sa vie, je sais les démarches sans fin, les compromissions regrettables et les concessions incompatibles avec le succès qui sont exigées par les détenteurs du capital. Brazza avait besoin d'argent, on ne le lui accorda pas sans qu'il ne donnât du retour.

Le retour fut l'acceptation de règlements décriés même dans la métropole; ce fut l'adjonction d'un personnel incapable de s'intéresser aux hautes conceptions philosophiques du maître ou même de les comprendre.

Une expérience sociale fut rabaissée au niveau d'un concours de fonctionnaires pour l'avancement, à l'ouverture d'un débouché nouveau pour les coryphées des luttes électorales.

Avec de pareils auxiliaires, c'en était fait des projets de Brazza. Du reste, l'Europe entière découvrait la valeur de l'Afrique ; en France, on commençait à se dire que les nations latines qui avaient colonisé l'Amérique équatoriale étaient bien capables de tirer parti même des régions chaudes du continent africain. Anglais et Allemands, Belges même se précipitaient à la curée ; il s'agissait, désormais, de prendre au plus vite notre part plutôt que de poursuivre des expériences humanitaires au résultat douteux.

Alors, nombre d'explorateurs pressés d'enlever aux ambitions étrangères quelques lambeaux du domaine africain s'abattirent sur le Congo et piétinèrent sans scrupule sur les conceptions du fondateur de la colonie. Entre des fonctionnaires qui ne le comprenaient pas et dont il ne voulut jamais lire les règlements surannés, et les explorateurs dont les ambitions justifiées ne s'imposaient pas à lui, de Brazza resta comme cherchant dans un demi-sommeil à raccorder les lambeaux d'un rêve qui s'efface.

Le temps de crédit qu'on lui avait accordé s'est écoulé sans même qu'il ait pu esquisser une vague ébauche de ses projets. Tous ses efforts ont échoué les uns après les autres contre l'immuabilité des règlements faits en 1835 pour le port de Brest, ou en 1720 pour celui de Toulon, ou bien sous l'effort brutal d'un chef de mission hanté par le désir de l'au-delà.

Alors ce fut au tour de l'argent d'intervenir. Qu'avez-vous fait des vingt années de crédit que je vous avais accordées, des millions donnés chaque année sur votre parole ? Le passager qui arrive dans votre colonie ne trouve aucun port, pas même d'embarcation pour débarquer dans votre capitale ; il n'y a pas de route pour gagner l'intérieur, point de vapeur sur les fleuves, pas de commerce, pas d'émigration. Que dis-je !

Les Français qui ont voulu s'établir dans le pays, vous les en avez empêchés ; ceux qui s'y trouvaient déjà, vous les avez ruinés. Est-ce donc pour nourrir une armée de fonctionnaires que vous nous avez demandé tant d'argent ? Et Brazza proteste : une armée de fonctionnaires ! vous me l'avez imposée ! Je poursuivais une étude sociale, j'avais besoin de trois ou quatre collaborateurs, intelligents, dévoués et imbus de mes idées ; vous m'avez fait un entourage de centaines d'individus ignorants, malintentionnés ou tarés ; voilà la cause de mon insuccès.

Des études sociales, reprend l'argent, parlons-en ! A quatre kilomètres de Libreville on mange couramment de la viande humaine et les Européens vont en partie de plaisir photographier ces extraordinaires agapes. Ces documents humains constituent à peu près les seules études sociales faites dans le pays. Du reste, nous n'en avons cure, le Congo est riche, il faut qu'il paye.

Brazza, fatigué par vingt-cinq ans de séjour et de travaux au Congo, ayant dépassé l'âge de la retraite, abreuvé des dégoûts et fidèle à sa conception première, renonce à tenter une expérience nouvelle. Son successeur, M. de Lamothe, vient, par une brusque apparition à Brazzaville, de prouver que les méthodes d'administration étaient désormais changées. Il a fait en quatre jours, par le chemin de fer du Congo belge, le chemin que jusqu'à lui on s'obstinait à faire en trente étapes de marche à pied à travers la forêt vierge, en dehors de toute route frayée. En même temps il a renversé d'un coup de pied cette manne à conflit qu'était la division des pouvoirs si savamment organisée par les règlements de la marine en usage dans la colonie.

Il a établi le principe d'une seule autorité responsable, et dissipant le dernier nuage du rêve de son prédécesseur, il veut que l'indigène paie l'impôt et soit soumis à l'autorité.

L'histoire du Congo peut surprendre au premier abord et pourtant c'est un des faits normaux de la lutte des races. Rarement le futur conquérant s'est présenté brusquement sur le territoire convoité. Presque toujours il a envoyé en avant des émissaires, commerçants ou religieux, qui lui ont créé pacifiquement des intérêts d'ordre économique ou politique. Et c'est pour assurer la prédominance de ces intérêts qu'ensuite il a usé de la force. Depuis les Phéniciens qui étendaient au loin leurs comptoirs à l'abri des lois indigènes avant de prendre possession du sol, jusqu'aux peuples coloniaux de l'Europe qui offrent leur protectorat avant d'imposer leur nationalité, toutes les annexions violentes ont été précédées d'infiltrations sournoises.

Le Congo français vient de franchir sa première étape vers la civilisation européenne, l'heure du sabre est venue.

Et j'en accepte l'augure : le Français qui a colonisé la Louisiane peut certainement coloniser le Congo. Il y a tant de gens qui crient la faim en France sans avoir l'espoir de l'assouvir jamais, que je vois avec plaisir le domaine national s'agrandir de territoires immenses et très riches sur lesquels ils pourront, même au risque de quelques fièvres, trouver l'apaisement de la faim quotidienne et un peu d'espérance.

T. DE BEHAGLE.

Que cela ne vous étonne, tous ceux qui ont suivi les choses coloniales de près savent combien d'énergie et d'efforts précieux se sont épuisés et s'épuisent chaque jour dans des conflits de ce genre.

On ne saurait imaginer à quel point cet état de choses est néfaste et contraire au développement de la colonisation, et de combien d'échecs et d'avortements il a été cause.

Aussi lorsqu'on rencontre des hommes qui, dans des entreprises coloniales, ont exposé leur santé, leur vie, leur fortune, n'est-il pas rare d'entendre la plupart d'entre eux, et toujours ce sont les meilleurs, s'écrier avec une vivacité extrême, quand on leur parle des difficultés grandes qu'ils ont dû vaincre : « Oh ! tout cela n'est rien ! mais ce sont les fonctionnaires. La plaie, le mal, les obstacles, les difficultés, ce sont les agents de l'Administration ! »

Dans la séance de la Chambre du 8 février 1898, l'honorable M. Bazille disait :

J'ai eu la curiosité de relever sur ce point encore les statistiques. Rien n'est instructif comme les chiffres, rien ne frappe comme cette comparaison entre les dépenses faites et les résultats obtenus. Voici ces résultats, je les recommande particulièrement à l'attention de la Chambre :

En 1895 nous avons envoyé en Indo-Chine 129 colons ; en Nouvelle-Calédonie, 115 ; aux Nouvelles-Hébrides, aucun ; à la Côte d'Ivoire, 1 seulement ; au Sénégal, 13 ; à la Guyanne, 1 ; à la Réunion, 2 ; à Obock, pas un seul ; à Mayotte, 4 ; à Diégo-Suarez, 6 ; à la Martinique, 2 ; à la Guadeloupe, aucun ; à Nossi-Bé, 2 ; à Madagascar, aucun ; à Taïti, aucun.

Soit, au total, pour l'année 1895, 275 colons.

La même étude pour 1896 et 1897 est tout aussi édifiante. Je ne veux pas fatiguer la Chambre de cette nouvelle lecture ; je dirai seulement que dans ces trois années 1895, 1896 et 1897 nous avons envoyé dans toutes les colonies dont j'ai donné tout à l'heure la nomenclature 830 colons.

Et nous avons dépensé, dans ces mêmes années, pour ces colonies, la somme de 193,281,608 fr., dont voici le détail :

COLONIES	COLONS FRANÇAIS envoyés en 1895-1897	DÉPENSES DE L'ÉTAT en 1895-1897
Indo-Chine..	308	86.149.116 f.
Nouvelle-Calédonie (et Nouvelles-Hébrides).............	460	21.018.094
Côte d'Ivoire......................................	2	»
Sénégal...	14	18.398.033
Guyane..	10	17.924.961
Réunion...	5	13.030.001
Obock...	1	2.048.228
Madagascar (plus Mayotte, Nossi-Bé et y compris Diégo-Suarez).......................................	24	16.451.285
Martinique..	2	7.797.496
Guadeloupe..	1	4.855.532
Taïti...	3	2.608.862
Total........................	830	193.281.608

Voilà les dépenses que nous avons faites pendant trois ans pour envoyer 830 colons dans les diverses colonies françaises, près de 200 millions ! et dans cette année 1898 seule nous dépenserons en plus 100 millions !

Je vous le demande, ce résultat absolument palpable, que personne ne peut dénier, ne montre-t-il pas qu'il y a un défaut capital dans le système que nous suivons pour notre colonisation, défaut auquel il faut absolument que la Chambre se préoccupe de remédier le plus tôt possible ?

Si, en effet, nous continuons ainsi à dépenser des sommes énormes pour arriver à des résultats aussi misérables, il est évident que nous ne tirerons jamais profit de nos colonies et que toutes les sommes que nous avons votées, tout le sang que nous avons versé pour fonder un immense domaine colonial, auront été dépensés en pure perte et sans profit pour la métropole.

M. Bazille défendait, sans s'en douter, notre cause, lorsqu'il combattait les grandes compagnies *parce qu'elles ne voient que leur intérêt financier et laissent au second plan les intérêts des colons* — et demandait la colonisation libre et individuelle qui a provoqué la réponse que nous attendions de M. le Ministre des Colonies.

Nulle part on ne peut entreprendre quelque chose avec rien. Aux colonies surtout, la bonne volonté et l'intelligence sont d'un faible secours si elles ne sont pas appuyées sur un capital. Cette vérité incontestable n'apparait pas avec un faible degrés de clarté suffisant à la plupart de ceux qui veulent, comme ils disent, « s'établir aux colonies ». Ils n'ont guère que l'intention ; les moyens leur font absolument défaut. Ils semblent se figurer que, pour réussir, le plus difficile est d'abord d'émigrer, mais une fois la mer franchie, dès qu'on a posé le pied à terre, toutes les choses s'arrangent d'elles-mêmes ; cette conception est absolument fausse.

M. LE MINISTRE. Je n'ai plus qu'un mot à ajouter. Le crédit inscrit pour transporter les émigrants a toujours été suffisant...

M. CHARLES DUTREIX. Ce sont les conditions imposées aux colons qui demandent à aller là-bas qui ne leur permettent pas d'entreprendre le voyage.

M. LE MINISTRE. Vous voulez, à propos du chapitre 16, discuter le chapitre 21 ; je ne demande pas mieux, je suis aux ordres de la Chambre ; mais si la discussion a lieu maintenant, nous n'y reviendrons pas à propos du chapitre 21.

Je dis que l'expérience a montré, — et cette pratique ne date pas de mon administration, mais de mes prédécesseurs, — l'expérience a montré que c'était un mauvais service à rendre aux colons et aux colonies que d'y envoyer des hommes avec transport gratuit et sans aucune ressource.

M. GASTON DOUMERGUE. Les millionnaires n'y vont pas, vous le savez bien !

M. LE MINISTRE. Quand vous donnez à un homme qui débarque à la Nouvelle-Calédonie un territoire qu'il aura à mettre en valeur, il devra nécessairement attendre les résultats de ses premiers travaux pendant trois, quatre ou cinq ans. S'il n'a pas de quoi vivre pendant ce temps, il tombe dans l'indigence et se trouve à la charge de la colonie.

Voilà pourquoi, après des expériences nombreuses, en ce qui concerne certaines colonies on exige des colons qui s'y destinent la production d'un capital qui les mettra à l'abri des accidents que je viens de signaler.

Il est possible dans d'autres pays de procéder différemment. J'ai lieu de croire, en ce qui concerne Madagascar notamment, que l'on pourra dans une certaine mesure, et pour certaines spécialités, pousser à l'immigration sans exiger la production de capitaux. Cela ne peut se faire toutefois que d'accord avec les autorités locales qui connaissent exactement les besoins locaux. (*Très bien! très bien!*)

Mais je crois que ni le Parlement ni l'administration centrale ne doivent prendre l'initiative de pousser des gens aux colonies pour les laisser ensuite en quelque sorte en plan une fois arrivés et pour qu'ils tombent à la charge de l'assistance publique.

En ce qui concerne spécialement le crédit à ajouter au chapitre 21, je répète que ce crédit a été suffisant jusqu'ici. L'année dernière, au cours de la discussion du budget, j'avais dit que si ce crédit était insuffisant je solliterais un crédit supplémentaire. Je l'ai fait. La commission du budget propose cette année de l'élever à 100.000 fr.; je crois que ce chiffre répond aux besoins véritables.

M. LE RAPPORTEUR. C'est d'accord avec l'administration que cette augmentation de crédit a eu lieu.

M. LE MINISTRE. Mais si, dès à présent, le courant d'émigration vers les colonies se développe, comme je l'espère, et dans des conditions vraiment bonnes, le Gouvernement aura le droit et le devoir de solliciter des crédits supplémentaires en cours d'exercice. (*Très bien! très bien!*)

M. LE PRÉSIDENT. Je mets aux voix le chapitre 16 au chiffre de 51,400 fr.

(Le chapitre 16 est adopté.)

En comparant les chiffres que l'honorable M. Pauliat nous donne, nous nous convaincrons qu'en poussant à la production dans nos colonies le nombre de denrées tropicales et intertropicales, que la France se procure actuellement à l'étranger, nous pourrions établir avec nos possessions des échanges s'élevant chaque année à plusieurs milliards de francs.

Ainsi, par exemple, pour n'en citer que quelques-unes, sur 65.183.586 kilogrammes de café que consomme la France, ses colonies ne lui en fournissent aujourd'hui que 765.525 kilogrammes;

Contre près de 5.300.000 kilogrammes de caoutchouc que nous devons nous procurer dans les autres pays, nos colonies ne nous en expédient même pas 500.000 kilogrammes;

En ce qui regarde le coton, la proportion est encore plus attristante : 8.338 kilogrammes dans nos colonies; à l'étranger, 162.177.231 kilogrammes;

Pour ce qui a trait aux épices de tous genres et aux arachides, nous ne trouvons pas dans nos colonies la moitié de ce qu'il nous faudrait;

En fait de graines de sésame et d'amandes de noix de coco, nous en recevons de nos colonies 2.550.082 kilogrammes, et afin de compléter ce dont nous avons besoin, nous sommes dans la nécessité d'en faire venir d'ailleurs 164.985.171 kilogrammes;

Enfin, pour en terminer avec les quelques exemples que nous voulons donner, sur près de 16 millions de kilogrammes de cacao indispensables à notre consommation annuelle, nos colonies ne nous envoient que 628.841 kilogr.

Nous éprouvons une cruelle humiliation à nous voir journellement dépassés par les autres peuples. Qu'il s'agisse de marine marchande, d'industrie, de commerce intérieur ou extérieur, d'esprit pratique, d'innovations, d'œuvres coloniales, etc., nos froissements patriotiques deviennent indicibles quand on nous démontre que, dans la presque totalité des directions, la France reste sur place lorsqu'elle ne recule point pendant que tous les autres peuples avancent à grands pas. Une colère sourde nous envahit, nous avons tous le sentiment que notre pays est dans une mauvaise voie, dont nous sommes impatients de sortir. Nous sentons que la direction politique, administrative, économique et sociale à laquelle nous sommes soumis repose sur des idées surannées et routinières, sur des préjugés absurdes et que, si elle ne change pas, à la longue, elle nous fera perdre notre rang et consommera définitivement notre déchéance.

Mais l'étude de M. Maurice Schwob sur le développement industriel et commercial de l'Allemagne (1) a peut-être encore plus impressionné l'opinion française que ne l'avait fait l'ouvrage de M. Demolins, car il a achevé de détruire ce qui pouvait rester d'optimisme chez quelques-uns d'entre nous.

C'est pourquoi nous désirerions que son livre fût lu et médité par tous les hommes politiques et par tous les représentants du commerce de notre pays.

On y voit que, grâce à un système d'enseignement dont l'objet est avant tout de mettre toutes les facultés et toutes les énergies de la population en valeur, et par une direction saine et pratique

____

(1) *Le Danger allemand*, par Maurice Schwob ; Léon Chaillé, édit. ; 1897.

imprimée à l'esprit public, c'est-à-dire par tout le contraire de ce qui se fait en France, on y voit, disons-nous, que l'Allemagne, au point de vue commercial et industriel, est en train d'acquérir une situation prépondérante dans le monde, non seulement à notre encontre, c'est déjà accompli, mais à l'encontre des industriels et des commerçants anglais.

Bref, le bilan de nos colonies est significatif et plein d'enseignements. A nous de les comprendre.

Cette situation ne saurait être prolongée indéfiniment. L'heure est venue, selon nous, d'y porter remède; voilà pourquoi nous n'hésitons pas à soumettre notre projet aux hommes compétents.

LA TRANSFORMATION

DE NOTRE ARMÉE COLONIALE

Avouons-le, au moment où chaque nation européenne cherche à l'envi à ouvrir de nouveaux débouchés sur tous les points du globe, en portant de plus en plus loin sa sphère d'influence, la France ne pouvait certainement pas rester en arrière et observer ce mouvement général en avant des pays voisins, sans s'y intéresser et y prendre, elle aussi, la part qui revient de droit à son génie civilisateur. C'est ce qu'ont compris des hommes politiques d'une autorité supérieure.

Mais nous sommes tous d'accord pour reconnaître que notre colonisation est effroyablement coûteuse, effroyablement lente.

La politique coloniale ainsi entendue n'a jamais été celle qu'a voulue le pays, et sur laquelle, à juste titre, il a fondé et fonde toutes ses espérances.

Devant le vaste domaine colonial qui nous appartient aujourd'hui, il nous reste à nous demander ce que nous avons à faire pour en tirer profit, pour y appeler des colons français, pour y organiser des marchés destinés aux industries et au commerce de la métropole, et pour l'ouvrir largement à toutes les activités, à tous les capitaux, à tous les esprits entreprenants, qui, n'ayant à peu près rien à faire en France, pourront s'employer là-bas, non moins à leur avantage qu'à celui de la mère-patrie.

Comment la rendre plus efficace, plus équitable, plus démocratique et moins dispendieuse, tel est le problème que nous nous sommes posé et que nous allons essayer de résoudre dans ce chapitre.

Nous avons paru oublier que nos colonies se divisent en deux grandes catégories très distinctes : les colonies d'exploitation et les colonies de peuplement.

En envoyant nos petits soldats dans nos colonies, nous avons méconnu aussi que l'homme n'est pas orbicole, et qu'il ne vit pas impunément sous toutes les latitudes. Chaque fois qu'il se déplace, son organisme est impressionné par le climat, — nous le verrons plus loin d'une façon douloureuse ; — c'est aux enseigne- ments de la science biologique qu'il faut donc demander le dernier mot du problème de la colonisation.

Oui, nos pauvres petits soldats partent suivant le sort. Personne n'intervient pour savoir si le moral a l'endurance du physique et si tous deux sont capables de cette expatriation.

Le spleen, mal du pays, a l'air d'être une quantité négligeable, dans ce déracinement contraint et forcé.

Voilà pourquoi nos soldats colons sont en général inertes, sans chaleur, sans enthousiasme.

Voyez-les partir les yeux pleins de larmes et le cœur gonflé de tous les soupirs déchirants que l'éloignement va grossir, comme les grosses vagues de la mer qui vont se briser pendant la longue traversée contre la coque du monstre marin.

Entre ciel et terre, paraissant voué aux éléments déchaînés de la nature, le rayon visuel de leurs yeux mornes ne conserve plus que les traits de ceux qu'ils ont laissés sanglotants au foyer.

Puis ils escomptent les coups de feu ou de poignard qu'ils peuvent recevoir, les attaques des fièvres qui peuvent les terrasser, en admettant qu'ils sortent indemnes de ce long voyage, ils calculent les longs mois avant que vienne pour eux l'heure du retour.

Une fois arrivés, tant bien que mal à destination, les nouvelles de la famille étant rares, de là des cauchemars, conséquences de l'état d'âme morbide, qui crée pour beaucoup de nos pioupious une inquiétude perpétuelle et une anxiété douloureuse. Elle est d'autant plus poignante, qu'elle se double quelquefois d'une nostalgie chronique. Personne n'osera nous démentir. La nostalgie est la racine de toutes les fièvres.

Ceci est si vrai, que tous nos soldats malades demandent le rapatriement comme moyen de guérison.

Au deuxième *dîner des Mutualistes* (1), qui avait lieu sous la

(1) Voir la *Solidarité* du 17 décembre 1897.

présidence de M. Lebon, l'honorable M. Audiffred disait dans son discours :

Dans la récente expédition de Madagascar, où nous avons eu 49 soldats qui sont morts par le fait des blessures, nous avons enregistré 5.000 décès du fait des maladies infectieuses et contagieuses.

Sur ces 5.000 décès, nous prétendons que la nostalgie du clocher a cultivé chez plus de la moitié le virus de la fièvre qui devait les tuer fatalement.

En soulevant cette question primordiale, nous avons voulu prouver : 1° que le soldat colon doit avoir une certaine robustesse physique égale au moral ; 2° qu'il ne doit s'expatrier que librement et volontairement, s'il ne veut pas périr rongé par le mal du pays. C'est ainsi, du reste, que pratiquent toutes les congrégations des Missions coloniales.

C'est dire donc que notre mode de recrutement est mauvais, et qu'il faut créer au plus vite une armée coloniale composée de volontaires, si nous ne voulons pas que nos sacrifices restent stériles.

3° Nous prétendons que nos soldats doivent partir avec des attributions définies et un objectif déterminé garanti par l'Etat et une société financière.

4° Que tout volontaire doit se marier afin de former souche, et river ses intérêts personnels au sol qu'il va défricher.

Sur le premier point, nous avons dit, et nous maintenons que la nostalgie est l'ennemi née de l'expatriation forcée ; nous ajoutons que pour être un bon soldat autant qu'un bon colon, il faut se déraciner soi-même de son terroir et de ses affections.

Car s'expatrier volontairement, c'est dire adieu à tous les biens de la famille, c'est briser tous les fils que l'amitié a tissés ; en un mot, c'est un acte de courage qui dépasse certaine force de caractère. Etes-vous en droit de le demander à tous les hommes, au nom de la Patrie ?

Nous ne le croyons pas, d'autant plus que vous faites ainsi de mauvais soldats, qui ne vous donneront jamais que de piètres résultats.

Nous disons, parce que l'expérience est là, que les soldats coloniaux volontaires feront des merveilles à côté de vos déracinés, inertes, sans chaleur, sans enthousiasme, qu'une discipline aveugle a transportés dans une ambiance, qui fait naître chez eux tous les troublants cauchemars de l'agonie et de la mort.

L'offet sera contraire avec les volontaires, qui formeront une pépinière de colons ardents, instruits, bouillants de sève généreuse, d'audacieuse initiative, impatients de conquête fructueuse, assurant à eux et à leur camarade un avenir fait de mutualité, de solidarité et d'association.

Voilà ce que nous rêvons pour l'avant-garde de nos colonies.

Et maintenant ne nous dites pas que les candidats nous feront défaut, parce qu'il nous sera facile de vous prouver que vous êtes dans l'erreur.

Tous les jeunes gens impatients de vivre, amoureux d'espace, tous ceux que tourmente le désir des aventures, iront vers ces terres inexplorées, chercher le droit de vivre, du jour où ils sauront qu'ils peuvent espérer un avenir fait d'honneur et de travail.

La démocratie française se doit à cette tentative, si elle veut vraiment élargir les mailles de l'abri national, calmer les masses et les assainir dans les idées de sagesse et de prévoyance.

Jusqu'à ce jour, nous avons envoyé dans nos colonies des déclassés, des désespérés, des vaincus, des faibles, des incapables, des gens de médiocre qualité physique et morale. Et quand, par hasard, des bourgeois y envoyaient leurs enfants, « c'étaient de mauvais sujets dont ils se débarrassaient pour éviter la ruine et le déshonneur. »

Le Comité Dupleix, fondé par M. Gabriel Bonvalot, passe avec raison une partie de son temps à décourager les candidats de cette espèce.

Estimant que ce que réclament nos colonies, ce n'est point l'écume ou le déchet de la métropole, c'est une partie de son élite.

M. Arthur Maillet dit fort bien : « Tout Français qui cherche à s'expatrier veut être certain d'avoir la vie assurée en arrivant à la colonie, et certain aussi de pouvoir rentrer en France après une courte absence, afin de jouir en paix des revenus qu'il aura amassés. » Ces gens-là se figurent que, devenus colons, ils seront des façons de fonctionnaires pittoresques à chapeau de planteur comme sur les boîtes d'épicerie, et que l'Etat se chargera de les enrichir.

Cette croyance date de Richelieu, qui, pour encourager l'expatriation, avait édicté que tout artisan qui se rendrait aux colonies pour y travailler de son métier pendant un certain nombre d'années, aurait le droit à son retour, sans avoir rien à payer, d'ouvrir boutique et atelier dans n'importe quelle ville du Royaume, même à Paris. De cette manière les Compagnies trouvèrent à emmener aux colonies les meilleurs artisans de France qui, faute de l'argent nécessaire pour acheter la maîtrise, auraient dû rester simples compagnons toute leur vie. Mais dans notre projet, nous repoussons cette idée, il faut que le colon reste attaché à sa terre pour que ses enfants y trouvent plus tard, avec le bonheur et la paix de leur vie, les aptitudes ataviques physiques et morales au travail colonial.

Devant ces réels avantages, le soldat volontaire n'hésitera plus à aller faire respecter notre drapeau, à y faire acte de prise de possession.effective au nom et pour le compte de la France, à y organiser le commerce et à y créer des exploitations agricoles et individuelles.

Tout cela viendra naturellement lorsqu'il apercevra, comme but de ses efforts, le petit lopin de terre et la paillotte — et un cœur — que vous lui réservez pour lui et les siens, ce sera alors l'*exiguum agellum* chanté par Virgile, avec quelques arpents de vigne suspendue,aux flancs du coteau et donnant quelques muids de ce petit vin qu'a chanté Horace ; oui, il ira sans aucune réticence enlacés avec sa petite amie d'enfance, sous d'autres cieux, à l'ombre des'palmiers, comme Paul et Virginie.

Enfin, soyez bien persuadés que lorsque le soldat colon aura goûté les aromes de son café, les onctuosités du jus de sa vigne ou la saveur de ses fruits tropicaux, comme Villaz, il chantera avec toute la sagesse d'un Epictète et de Marc-Aurèle, les joies de la colonisation, et dès lors il restera rivé avec ses progénitures là où l'amour et le travail auront fait son bonheur.

La sécurité d'un village n'aura rien à redouter de notre mode : du reste, autrefois en Algérie on obtenait la sécurité dans une circonscription, grâce aux bureaux arabes, avec un lieutenant et une douzaine de spahis ; aujourd'hui on a remplacé le lieutenant par des administrateurs à 8,000 francs et des sous-administrateurs à 4,000 francs. Et la sécurité est telle qu'on ne compte plus les villages abandonnés.

Une colonie sans fonctionnaire, une colonie ne coûtant rien au budget, voilà notre rêve.

Des colons n'ayant pas à dépendre, depuis le matin jusqu'au soir, de fonctionnaires généralement fatigués, anémiés, rendus ombrageux ou malveillants par la maladie, cela ne se serait jamais vu.

Voilà où il faut en venir ; c'est à ce prix que nous tirerons parti de nos colonies, et que nous en ferons les rameaux florissants de la France.

Sans doute la tâche est ardue, le sacrifice est considérable ; mais si nous voulons que la colonisation soit un bienfait et non pas une menace perpétuelle, il ne nous est pas permis d'hésiter.

D'ailleurs, ce ne sera pas une dépense stérile ; l'exemple des Etats-Unis prouve que, dans un pays libre, la production agricole et industrielle suit le progrès dë l'initiative individuelle. Vous ne pouvez pas améliorer l'indigène sans le concours du colon implanté dans ses mœurs, mais en revanche l'indigène stimulé par le colon améliorera et multipliera ses œuvres ; et dès lors la métropole gagnera tout ce que gagne l'indigène et le colon. La puissance d'une nation n'est-elle pas à cette heure dans le travail et l'énergie de ses citoyens plus encore que dans le chiffre de ses armées ?

Tant que nous ne sentirons pas cette vérité, nous ne comprendrons rien au nouvel esprit qui emporte les sociétés modernes vers un meilleur avenir.

C'est bien de substituer à de pauvres hères, hâves, décharnés, le moral défait, candidats d'une mort brève, des volontaires jeunes, pleins de courage, de fermeté et d'endurance.

Mais pour que la réforme soit complète, il faut que ces volontaires sachent avant de s'expatrier ce qu'on attend d'eux, quel est l'objectif déterminé de leurs expéditions.

Il faut qu'ils connaissent les combinaisons qui doivent les encourager dans cette voie, et les garanties définies qui récompenseront leurs efforts dans l'œuvre colossale qu'ils vont entreprendre.

Connaissant ce contrat qui leur assure un avenir enviable, les candidats ne nous feront point défaut, le nombre des volontaires qui se mettront sur les rangs, sera incalculable, avec le désir de mettre dans cette œuvre de civilisation toute leur âme et tout leur cœur.

A cette heure, le général Galliéni à Madagascar (1) réédite l'œuvre du maréchal Bugeaud en Algérie. C'est bien, mais le mode est imparfait parce que la participation est inégale, faute de concentration spéciale.

L'inexpérience individuelle d'une part, le manque d'aptitude font que les effets ne sont pas immédiats.

---

(1) Chez nos braves amis les Russes le jeune général Kouropatkine, aujourd'hui ministre de la guerre, a appliqué à la Transcaspienne la colonisation militaire envoyée jadis au Canada, reprise plus tard en Algérie par le maréchal Bugeaud.

Il est difficile, en effet, de faire d'un jeune soldat qui s'est voué au commerce, un agriculteur.

Or, comme tous vos soldats ne sont pas des fils de la charrue et qu'ils sont partis non au choix de leur profession, mais d'après un ordre d'appel, il s'ensuit que le laboureur est très souvent absent.

Alors comment voulez-vous que ces jeunes géns, qui n'ont aucune expérience ni même aucun goût, fassent des colons ?

Pendant leurs congés, ils sèmeront et planteront sans goût, sans entrain, calculant d'abord qu'ils n'ont aucun intérêt à le faire, si ce n'est celui d'éviter des punitions. Ce n'est pas avec cette catégorie d'hommes qu'il est possible de créer un courant colonial, on démoralisera plutôt tous les efforts que de les encourager.

Il en serait tout autrement si on disait à ces hommes : Mes amis, votre avenir, votre position est ici : l'État, avec le concours d'une association coloniale, va vous donner des moyens d'existence et de succès combinés, qui vont vous permettre de faire souche.

Au lieu de ce langage alléchant, qui captive même le plus rebelle, on leur dit : Venez aux colonies pour trois ans, vous verrez ainsi du pays. Si vous échappez à la zagaie des barbares ou à la rafle de la fièvre, votre service terminé nous vous rapatrierons, et vous irez mourir de faim dans votre ville natale ou dans les grands centres que vous aurez choisis.

C'est ainsi que les choses se passent actuellement; pouvez-vous nous démentir ?

Nous en serions très heureux, malheureusement vous ne pouvez nous citer que des cas isolés de soldats ayant fait un congé dans nos colonies, qui soient restés sous quelque forme que ce soit.

La transformation du soldat en colon est une chose rare.

Pourquoi ? Pour l'excellente raison qu'il ne trouve pas, son service terminé, les ressources nécessaires pour s'installer colon.

Cependant en agissant ainsi, nous perdons le rendement d'un capital ; nous avons semé sans récolter et nous renvoyons en France sans réflexion cet homme aguerri contre les fléaux du pays, acclimaté aux mœurs indigènes, parlant leur langue, vivant de leur vie nationale, qui pourrait être très utile pour notre influence.

Est-ce agir avec discernement et intelligence, nous vous le demandons ?

Frappés de cet état de chose, nous nous sommes fait un devoir d'enquêter sur ce sujet, chaque fois que nous avons rencontré un soldat besoigneux portant la médaille coloniale.

Nous nous sommes inquiété de connaître l'origine de sa gêne ; en général, voici la réponse que nous avons obtenue :

— A mon retour, j'ai trouvé le foyer désert ; mon père est mort laissant à ma charge ma vieille mère, je cherche en vain du travail : toutes les places sont prises.

Timidement, nous avons essayé de lui dire : Pourquoi n'êtes-vous pas resté là-bas ?

— Mais, mon Dieu, cela est bien simple, il n'y a rien à faire pour l'homme sans ressource, nos agents n'ont aucun chapitre pour venir en aide aux colons volontaires.

Voilà où notre incurie coloniale nous mène ; nous n'accusons personne et nous accusons tout le monde.

Cependant il est temps de songer à nous créer une situation considérable si nous voulons que la France reste sœur de la puissante Russie.

N'oublions pas que notre alliée a pris dans l'Asie septentrionale une extension prodigieuse. Depuis moins de vingt années la Russie a pris de plus en plus connaissance et possession des immenses territoires de la Sibérie, et avant deux ou trois années le chemin de fer transsibérien aura ouvert à ses entreprises commerciales et politiques la Mandchourie, le nord et peut-être tout le centre de la Chine.

Si nous jetons les yeux sur une carte du vaste Empire soumis au Tsar Nicolas II et si nous considérons la Russie de front, le secret de ses cheminements, de ses évolutions et de ses conquêtes frappe aussitôt nos regards.

Les puissances continentales étouffent dans leurs limites terrestres ; pour en sortir, elles cherchent instinctivement la mer. L'Océan n'est-il pas le grand et nécessaire véhicule des communications et des échanges ?

A peine hors du berceau, la Russie, gênée dans ses forêts et dans ses steppes, étend les bras vers la Baltique et vers la mer Noire. Pour gagner les rivages de la Baltique, elle bouscule sur son passage la Pologne et la Suède, et pour conquérir le littoral de la mer Noire, elle chasse à coups de botte le Turc de la Chersonèse. C'est le *struggle for life* d'un Empire qui se sent appelé aux plus hautes destinées (1).

Notre mode est simple, nous ne disons pas qu'il soit parfait, nous ne demandons qu'une chose, c'est qu'on le mette à l'étude et qu'on l'expérimente.

Ce que nous préconisons dès aujourd'hui mérite, il nous semble, un peu de réflexion.

____

(1) *Libre Parole* du 29 mars 1898, sous la signature de Gallus.

Selon nous, l'État ne devra accorder de concessions de terrains dans nos colonies qu'à de grandes Sociétés financières coloniales ayant un capital en rapport avec la superficie du pays à mettre en valeur.

En échange, aucun Français ne pourra s'établir à un titre quelconque dans le pays, soit comme commerçant, soit comme planteur, si ce n'est du consentement de la Compagnie ; car la Compagnie jouit en fait du monopole du commerce comme de la propriété de toutes les terres sur toute l'étendue de son territoire, s'engageant à exécuter le contrat ci-joint.

En échange de soldats équipés, armés, touchant leur solde, quoique étant mariés et vivant en ménage, la Société donnera à chaque ménage une maisonnette et . . . . hectares de terre. Elle fournira en plus toutes les semences, les outils agricoles, bétail et volailles indispensables à l'élevage, ouvrira à chacun un crédit pour les besoins justifiés.

Le soldat, après avoir prélevé sur sa récolte pour lui et les siens, devra déposer dans les magasins généraux de la Société tous ses produits.

Il prendra part aux bénéfices de la vente, à un prorata à déterminer. Un compte créditeur et débiteur lui sera ouvert sur les bases de la participation aux bénéfices.

Son premier engagement de trois ans terminé, le colon soldat pourra contracter un nouvel engagement ; ses six ans finis, son intérêt sera de signer un nouveau congé qui le fera propriétaire de sa terre et de sa maisonnette.

Dans ce cas, la Société devra lui concéder, après neuf ans de stage, sans frais, le titre de propriétaire de sa terre et de tout ce qui sera planté ou contruit dessus.

L'intérêt du soldat sera de rester rivé à sa terre, car si les trois premières ont été pénibles pour lui, les suivantes seront pleines de résultats.

Il y a sur ce chapitre des statistiques superbes.

Un de nos amis, M. T..., qui vient de faire un séjour à Madagascar, nous donne le devis suivant.

Projet de plantation à Madagascar

A Madagascar, dans les régions de Vohémar Tamatave et de Mananzaro, des plantations datant de quelques années, témoignent du succès certain réservé aux cultures tropicales bien dirigées, telles que celles du café, du caoutchouc et de la vanille. Du 15 janvier 1895 au 20 octobre 1897, après un séjour de près de trois ans et tout récemment après un voyage de six mois autour de l'ile pendant lequel j'ai visité la plupart des plantations de Madagascar, j'ai pu me rendre compte exactement du rendement de certaines plantations et de l'avenir d'autres plus jeunes.

Le café qu'il convient de cultiver à Madagascar et qu'on y cultive d'ailleurs partout à la côte Est, est le café Libéria. Si la qualité de cette espèce est inférieure à celle du café Bourbon, son rendement est bien supérieur (2 à 3 kilos en moyenne par arbre). Il y a donc compensation. Le cours actuel du Libéria est de 1 fr. 45 le kilogramme sur place au pays d'origine; celui de Madagascar, aux grains plus petits, est bien supérieur. Jusqu'à présent le café Libéria de Madagascar est exporté à Zanzibar, d'où il rentre en Europe sous l'étiquette d'une autre provenance.

Le caoutchouc céara réussit fort bien à Mananzare (plantation Conorton), à Fort Dauphin, plantation Marshall.

J'ai pu recueillir d'un arbre de quatre ans 525 grammes de latex.

La vanille a depuis longtemps fait ses preuves à Madagascar. Voici quelques exemples concluants de réussite complète parmi les différentes plantations que j'ai visitées au cours de mon dernier voyage autour de Madagascar (du 6 février au 22 août 1897).

Café. — Plantation Prosper, Pottier et Lauratey (Mananzary). Ces caféiers sont en plein rapport, cafés vendus sur place cette année à 2 fr. 60 le kilog. Plantation à Mahanoro datant de 1892, cafés vendus sur place 2 fr. 60. Plantation Malloran à Sainte-Marie : 30.000 pieds de café.

Caoutchouc. Plantation Marshall à Fort Dauphin, celle de Conorton à Mananzare.

Vanille. — Plantation Lauratey (Mananzare). Celle de Jean Louis à Mahanoro. Plantation Valentin à Nossi-Bé. La récolte de cette dernière, d'une étendue de dix hectares, a donné cette année 5.000 kilogrammes de vanille verte vendue sur pied à 9 francs le kilogramme. Le bénéfice net du planteur a été de 38.000 francs.

Après avoir étudié, expérimenté spécialement ces différentes cultures pendant mon séjour à Madagascar et m'étant assuré d'avance la main-d'œuvre indigène indispensable et l'appui des autorités locales qui par arrêté du général Gallieni m'ont nommé membre de la Chambre consultative de Majunga, je vous présente le projet suivant :

PLANTATION à X..,.. (Madagascar).

Achat. — 1.000 hectares de terrain.	5.000 fr.
Bornage et immatriculation	600
Habitation. — Une grande case, cuisine, paillotte pour outils, case du commandeur, abri pour recevoir 15 bœufs, cases pour les travailleurs. Meubles et matériel indispensables.	5.000
A reporter;	10.600 fr.

Report.		10.600 fr.
Outils, graines pour semis, plans de vanille.		2.000
Une pirogue, 15 têtes de bétail (bœufs et vaches) à 50 fr.		1.050

FRAIS GÉNÉRAUX PEN-
DANT 4 ANS OU 4 ANS
ET DEMI.

Voyage du gérant à Madagascar. 1.000

Ses frais éventuels de déplacement pendant 4 ans à Magascar 1.500

Eventualité de deux voyages du gérant à la Réunion pendant 4 ans, soit 4 mois à 400 francs 1 600

10 travailleurs à 25 francs par mois (500 fr. par an) . . . . 6.000 fr.

Au gérant, frais de nourriture et d'entretien, 400 francs par mois 4.800

Un boy, 40 francs par mois, un cuisinier, 60 francs 1.200

Au personnel pendant 4 ans : 12.000 $\times$ 4 . . . . 48 000

Réserve dans l'éventualité où la vente des produits de la plantation n'aurait lieu que 4 ans et demi après, soit 6 mois plus tard. 6.000

Réserve exceptionnelle 3.200

TOTAL. . . . . . 74.950 fr.

dont il convient de déduire une première et une deuxième récolte de vanille à 12.000 francs pour la deuxième et la troisième année et demie. . . . . . . 24.000 fr.

TOTAL NET. . . . . . . 50.950 fr.

Rendement de la plantation à la 4ᵉ ou 4ᵉ année et demie

Vanillerie à 4 ans et demi, troisième récolte.	12.000 fr.
Cafés, 30.000 pieds, net par caféier 1 franc	30.000
Caoutchoutiers 20.000 pieds net, par arbre 2 francs . .	40.000
Cacao, girofliers, bananiers, etc.	X
TOTAL.	82.000 fr.

BÉNÉFICE NET. — Minimum après la 4ᵉ ou 4ᵉ année et demie 82.000 — 50.950. . . . . 31.050 fr.

RAPPORT après la 5ᵉ année et demie.

Vanillerie.	12.000
Caféiers	40.000
Caoutchoutiers	40.000
Cacao, bananiers, girofles, etc.	X
TOTAL.	82.000 fr.

dont il convient de déduire 20.000 francs de frais généraux . . . . 20.000 fr.

BÉNÉFICE NET. . . . . 62.000 fr.

Maintenant, pour la société financière, les bénéfices ne seront pas moindres ; admettez cette comparaison :

L'État concède à une société 100.000 hectares de terre vierge, avec l'engagement formel que celle-ci accordera 50.000 hectares à nos soldats colons.

Son bénéfice donc sera sur la vente de ces 50.000 hectares environnant tous les villages, qui perdront de la plus-value, en raison des opérations commerciales de la localité.

Puis la société trouvera dans la transaction de ses marchandises un intérêt rémunérateur qui vaudra bien le 2 1/2 et le 3 pour 100 de l'heure présente.

Et puis le moment viendra, où il faudra ouvrir des comptoirs dans chaque village et monopoliser le commerce avec les indigènes.

Il est évident que si nous envoyons pour le premier essai 1.000 hommes mariés, un an après, cette population de 2.000 âmes se chiffrera par 3.000. Cette proportion ira en augmentant tous les ans, et nous donnera en neuf ans sept fois au moins le chiffre de mille.

Nous aurons ainsi créé des souches robustes, attachées par toutes les fibres du cœur au sol qui leur aura été noblement concédé.

Maintenant l'indigène soldat doit être mis sur le pied de l'égalité ; dans chaque village, il doit y figurer pour un cinquième par exemple, mais sa place est marquée d'avance dans ce nouveau milieu qui doit le moraliser, car il faut que nos soldats aient la vertu du vainqueur, l'équité de l'esprit et du cœur et ce sentiment du droit des faibles, qui n'est nullement incompatible avec la fermeté du commandement.

Nous dirons volontiers, ce que disait M. Bonvalot, à la fête du bi-centenaire de Dupleix :

« Pour avoir des clients dans vos colonies, il faut commencer par *enrichir les indigènes* en leur facilitant la mise en valeur de leur territoire ou l'emploi de leurs bras dans les industries qu'il faut créer pour lutter contre les rivaux étrangers. Et tout cela doit être fait en ne négligeant rien pour que les indigènes vous aiment et vous respectent ; ce que vous obtiendrez par de la justice et de la sollicitude... C'est d'ailleurs par ces procédés que vous pourrez ailleurs résoudre la question sociale.

« ... N'oubliez pas qu'il faut absolument que l'homme de race soi-disant inférieure constate que son conquérant de race soi-disant supérieure le gouverne mieux et assure mieux son bien-être que ne le faisaient les chefs indigènes avant la conquête. »

Il n'y a que le soldat volontaire qui puisse inspirer la confiance aux capitalistes et attirer des capitaux dans des pays aussi lointains et encore inabordés commercialement.

Avec des hommes assujettis à la discipline et aux devoirs militaires nous peuplerons nos possessions de bons colons, qui détruiront sans violence, mais par l'exemple, l'ignorance de ces peuplades, prêtes à tous les progrès de l'esprit et du cœur.

C'est le seul moyen de rendre agricoles et pacifiques les populations indigènes. Là est l'élément essentiel de prospérité économique de ces rallonges de la France, et là aussi peut-être, avec beaucoup de prudence et de prévoyance, nous changerons les faces des choses dans ces terres encore en friche qui ne demandent qu'à être fécondées.

NOS FILS QUE FERONT-ILS
EN FACE DU " STRUGGLE FOR LIFE " MODERNE?

La crise que subit le commerce européen prouve que notre vieux monde a besoin de débouchés extérieurs pour écouler l'excédent de sa production ; pourvu d'épargnes nombreuses, abondant en hommes instruits, armé de machines puissantes, il lui faut nécessairement des marchés nouveaux, dans des pays ayant un autre climat, d'autres productions pour y échanger les articles métropolitains contre les produits coloniaux.

Une foule de jeunes gens sortent tous les ans des écoles spéciales ; ils ne peuvent pas tous trouver un emploi rémunérateur, pourquoi ne pas profiter de leur période militaire pour les entraîner vers nos colonies par le mode que nous venons de préconiser ?

Aujourd'hui, les enfants des familles ayant quelque fortune n'étant pas, dès leur tendre jeunesse, hantés comme ils l'auraient été jadis par l'idée de se créer un patrimoine, ont considérablement moins d'ardeur. Au lieu de penser à courir le monde, d'aller aux colonies, de décupler leur activité, tout en lui donnant un emploi positif, ils restent paisiblement dans la métropole à attendre l'héritage de leurs parents.

Il est vrai que les modifications apportées par notre code civil à notre ancien système successoral ont fait disparaître un stimulant des plus précieux, dont l'émigration, la colonisation et généralement l'esprit d'entreprise bénéficiaient tout particulièrement avant la Révolution.

Mais aujourd'hui le remède est dans une bonne instruction.

Avec une éducation et une instruction bien combinées et bien conçues, destinées à donner aux jeunes générations conscience d'elles-mêmes et à leur permettre de prendre tout leur essor, un Gouvernement munit son pays des armes nécessaires ; il le prépare à la lutte pour la vie ; il le met en état de réaliser tous les progrès matériels sans lesquels les progrès intellectuels et moraux, quels qu'ils soient, manquent de fondement ; il lui donne, en un mot, la possibilité d'acquérir une force invincible.

Qu'à une bonne éducation et à une solide instruction nationales s'ajoutent des débouchés au dehors, et l'œuvre d'un Gouvernement prévoyant et entendu est complète.

Nos voisins nous en donnent depuis longtemps l'exemple le plus convaincant.

Or, la première condition à remplir pour un Gouvernement qui veut favoriser l'expansion et la rendre possible, c'est d'organiser un bon enseignement des langues étrangères. On l'a dit avec raison, la connaissance d'une langue étrangère équivaut à un véritable passe-partout dans toutes les contrées où elle est en usage; elle permet à celui qui la parle de s'y faire accepter.

Ceci est indiscutable, notre mauvaise instruction nous a donné comme produit le fonctionnaire.

Or, comme l'Etat ne peut remplir les fonctions dont on le charge qu'au moyen de fonctionnaires et d'agents, il s'en est suiv que le chiffre de ces derniers, en France, s'est accru dans des proportions stupéfiantes, et qu'il s'accroît tous les jours de plus en en plus.

Lorsqu'on consulte la statistique, on en est effrayé. D'après la plus récente, le nombre des fonctionnaires en activité ne serait pas inférieur à 700.000. Or, comme il faut tenir compte qu'il y en a au moins 100.000 qui sont à la retraite et que les postulants, qui marquent le pas en attendant d'être casés, sont bien de leur côté une centaine de mille, on se fait une idée du gouffre que le fonctionnarisme représente. En ajoutant à chaque fonctionnaire une femme et au minimum un enfant, on est devant une agglomération de 2.700.000 âmes sur moins de 39 millions d'habitants !

Dans ces conditions, le fonctionnarisme n'est même plus un dérivatif, c'est une plaie béante par où se sont échappées et s'échappent encore toutes les forces vives du corps social.

Si toutes les activités, toutes les valeurs, toutes les intelligences, tous les bons vouloirs, qu'il a ainsi consommés et neutralisés depuis près de trois quarts de siècle, avaient pu recevoir un emploi plus utile et une destination féconde, à quel degré de puissance économique et autres notre pays n'aurait-il pas été amené !

En considérant les choses d'une façon un peu plus générale, un fonctionnarisme comme le nôtre, ce ne sont pas seulement des forces perdues, c'est bien davantage, puisque, une fois engagées dans le fonctionnarisme, ces forces s'alimentent et s'entretiennent aux dépens du budget, c'est-à-dire aux dépens de la substance même de la société.

Puis, lorsqu'après la question des dépenses M. Jules Siegfried avait étudié celle du personnel, il avait observé que le personnel de notre Ministère des Colonies comprenait 231 employés, sans compter le Ministre et son cabinet, alors que le personnel du *Colonial Office*, pour un empire considérablement plus grand, était de 79 employés seulement, en y comprenant le Ministre et les Sous-Secrétaires d'État.

Cette question du personnel et des défectuosités que l'organisation et le fonctionnement de notre Ministère des Colonies présentent, est une cause d'inquiétude et de souci pour tous les hommes politiques et tous les écrivains qui se sont occupés et qui s'occupent de la solution du problème colonial en France. Tous se rendent compte qu'il y a, de ce côté, un obstacle qu'il est urgent de faire disparaître, et dont la présence arrête et paralyse tout. Tous sentent que là est le mal auquel il faut porter remède au plus tôt, si l'on veut que nos colonies deviennent pour la métropole autre chose que ce qu'elles sont aujourd'hui.

C'est ce que, ces mois derniers, MM. Waldeck-Rousseau, dans un discours-programme prononcé à Reims, n'hésitait pas à déclarer en quelques mots, dont la concision ajoutait encore à la force :

Il n'est pas de peuple, disait notre éminent collègue, qui puisse aujourd'hui n'avoir pas une politique coloniale; cette politique nous l'avons. Mais pour la développer, pour qu'elle soit féconde, il nous faut une chose que nous n'avons pas encore : une administration coloniale, un personnel préparé à sa tâche difficile (1).

Or, si en dépit des crédits formidables que nous lui accordons chaque année, notre Ministère des Colonies ne produit aucun résultat, si ce n'est des résultats négatifs; si les choses en sont à ce point qu'un homme de Gouvernement comme M. Waldeck-Rousseau en réclame implicitement la réforme totale. notre opinion est qu'il n'en faut rendre responsables ni les Ministres, ni les

(1) Le 21 octobre 1897.

Sous-Secrétaires d'État qui se sont succédé au pavillon de Flore, ni même le personnel qu'ils ont eu sous leurs ordres. Notre conviction est que les uns et les autres ont toujours été animés des intentions les meilleures et d'un indiscutable bon vouloir.

La cause véritable de l'impuissance de notre Administration coloniale en face du mandat dont elle est chargée et en face de ce que le pays lui demande et attend d'elle, il faut la chercher ailleurs que dans les personnes. Elle est, quant à nous, dans les principes mêmes qui ont présidé à la formation de notre Ministère des Colonies et à son mode de fonctionnement, principes qui ont fait de lui un organisme, ou, si l'on aime mieux, un instrument qui est sans rapports avec le but que l'on a voulu atteindre en l'établissant.

N'oublions pas que l'abolition du droit d'aînesse, a contribué pour beaucoup à faire perdre aux cadets le goût des aventures.

En raison de ce système successoral, c'était, dans toutes les couches sociales, les plus fortunées comme les autres, chez tous les enfants de la même famille autre que l'aîné, l'obligation de songer à l'avenir et un désir ardent d'amasser un avoir personnel, de se créer une position dans la société, de se fonder une maison à soi. Comme conséquence, c'était, à chaque génération, le patrimoine initial de la famille s'augmentant, pour l'ensemble du pays, de celui que chacun des enfants s'était efforcé de son côté de réaliser.

On imagine de quels exemples et de quel entraînement devait être pour les classes pauvres et déshéritées, la vue des efforts que faisaient dans ce sens les enfants des classes plus élevées. C'était, au point de vue économique, le corps social tout entier agité et emporté dans un continuel mouvement en avant. Dans toutes les familles indistinctement, il y avait des enfants qui depuis leur naissance savaient qu'ils auraient à dépendre d'eux-mêmes et à se tirer d'affaire, qui y pensaient et qui, dès leur jeune âge, se mettaient en état d'y travailler.

Dans ces conditions, les colonies présentant des débouchés sans limites et en tous genres, on devine à quel point elles ont dû servir de déversoir avant la Révolution à tous les cadets de famille; ils s'habituaient à l'idée d'y aller chercher fortune, et la plupart y partaient dès qu'ils étaient arrivés au moment de quitter le foyer familial et qu'ils avaient atteint l'âge de voler d'eux-mêmes.

Faciliter à une nation son expansion au dehors, ce n'est pas seulement de l'air, de l'espace, des horizons qu'on lui assure, c'est encore la liberté de ses mouvements à l'intérieur, et tout un état d'esprit qui, sans cesser d'être élevé, tient toujours un grand compte de la réalité des choses, état d'esprit particulièrement souhaitable pour les sociétés issues de la Révolution comme la nôtre, qui n'étant pas encore parvenues à leur complète transformation politique, sacrifient trop, par suite, aux idées abstraites et à la sentimentalité.

Pour faire renaître ce courant nous ne devons rien négliger ; tous les moyens peuvent être féconds, c'est à nous de les vulgariser.

Évidemment les esprits se préparent, les résolutions se forment, le terrain s'ensemence. Encore un peu et il suffira d'une occasion, d'une parole, d'un rien, pour que tout un mouvement se détermine. On connaît assez les entraînements qui caractérisent le tempérament français pour être en droit de penser que le jour où ce mouvement commencera à se dessiner, il atteindra de grandes proportions ; peut-être nous sera-t-il possible en un nombre relativement restreint d'années de réparer tout le temps perdu.

Le discours prononcé en juillet dernier par le P. Didon, à la distribution des prix des écoles d'Albert-le-Grand et Laplace, est lui-même des plus significatifs. Nous croyons nécessaire d'en citer ce passage :

Il faut modifier, dit-il, l'orientation des courants dans lesquels la jeunesse française a été entraînée. Au lieu d'être absorbée par les carrières militaires, les carrières administratives ou les carrières soi-disant libérales, il faut qu'une partie de cette jeunesse — je ne suis pas exclusif, je suis peu exigeant, je dis *une partie*, — il faut qu'une partie de cette jeunesse renonce à ces carrières quand elle n'y est pas invinciblement attirée. Il faut qu'elle renonce surtout à ces soi-disant carrières libérales qui lui donneront simplement la facilité de mourir de faim. Il faut qu'elle renonce, en partie, à ces carrières administratives qui lui donneront peut-être un bel habit brodé, des galons et des palmes ; mais quand on vous verra sous cet habit, on dira de vous : il est attaché.

Je demande que les carrières économiques, toutes pratiques, de colons, d'agriculteurs, d'ingénieurs, d'industriels, de commerçants, de financiers, voient se multiplier le nombre des jeunes gens actifs et résolus qui les poursuivent.

Pour que l'éminent dominicain ait cru devoir aborder un pareil sujet devant l'auditoire tout spécial auquel il s'adressait, et lui tenir un tel langage, il faut que, dans toutes les classes indistinctement de la société française, les inquiétudes, les soucis et les embarras soient identiques pour les carrières à procurer aux jeunes gens. Et lorsqu'il en arrive à déclarer que c'est vers le commerce, vers l'industrie, et notamment vers les entreprises coloniales que les jeunes gens ont le plus d'intérêt à se diriger, n'est-ce pas l'aveu que les débouchés qui pendant quatre-vingt-dix ans avaient existé au dedans de notre pays n'y existent plus, et qu'il faut revenir à ce qu'avaient fait nos pères du xviie et du xviiie siècle, c'est-à-dire à l'expansion au dehors.

Notre intention n'est pas de nous engager à cet égard dans des critiques qui nous entraîneraient beaucoup trop loin et que du reste, depuis plusieurs années, nombre d'hommes compétents et censés commencent à faire (1).

On commence à comprendre que notre instruction est mauvaise, qu'elle n'est capable que de faire des ratés. Aussi, ce n'est pas sans une vive satisfaction que nous avons lu dans les journaux l'information suivante :

L'instruction publique se préciserait-elle, se déciderait-elle à s'adapter aux besoins, à correspondre aux exigences des métiers, des industries ? A certains signes, à certains faits, on le dirait.

Déjà, dans quelques lycées on a créé, comme à Janson de Sailly, des cours pour les élèves se destinant aux écoles de commerce, comme à Marseille, à Reims, des sections commerciales et industrielles greffées sur l'enseignement moderne. Au collège de Narbonne, j'ai appris qu'on avait annexé une classe préparant à l'Ecole d'agriculture.

C'est un progrès. Et l'idée fera son chemin, gagnera des adhésions de proche en proche.

Le baccalauréat y perdra quelques candidats, ce qui n'est pas regrettable, et le pays quelques inutiles et quelques déclassés, éternellement mécontents.

Les Universités suivent. Il est excellent, le projet qui est à la veille d'organiser chez quelques-unes d'entre-elles des sections d'études coloniales, d'études agricoles et d'études industrielles. Il est à souhaiter qu'il soit dès cette année incorporé dans la loi des finances pour être mis en pratique le plus tôt qu'il se pourra.

Cette réforme s'impose au plus vite, l'aveu de M. le Ministre des Colonies, répondant à la question de l'honorable M. Deproge, est trop sanglant pour que nous ne nous y arrétions pas : *Un per-*

sonnel de techniciens en matière de culture tropicale nous manque : c'est cependant par là que nous aurions dû commencer.

Voilà une carrière qui s'ouvre devant notre jeunesse, c'est pourquoi nous relevons le discours de l'honorable M. Deproge.

M. Deproge. Permettez-moi d'ajouter un mot.

Je désirais demander à M. le ministre — et mon intervention n'avait pas d'autre but — s'il ne jugeait pas utile d'apporter certaines modifications à son personnel de l'administration centrale.

Ce ministère qui résume, vous le savez, tous les autres ministères, compte un représentant de tous les grands services de l'Etat, et je me joins à l'éloge qu'a fait à cette tribune M. le ministre de ce personnel que nous connaissons et qui vaut beaucoup mieux que le prétendent les critiques intéressées qu'on lui adresse malheureusement trop souvent. (*Très bien ! très bien !*)

Mais il y a cependant un service qui n'est pas représenté au ministère des colonies ou qui l'est du moins si peu qu'il peut être considéré comme n'existant pas : c'est le service de l'agriculture. Or, notre domaine colonial est avant tout un domaine agricole et tel il doit rester, au moins dans la pensée d'un grand nombre de nos collègues.

M. d'Estournelles vous le faisait pressentir : il s'établira un jour entre les colonies industrielles et la métropole une concurrence d'intérêts, et il désirera sans doute, comme moi, que le gouvernement s'occupe du développement agricole de ces colonies.

Il est hors de doute que dans la partie de notre domaine nouvellement conquis, ce développement agricole ne peut porter ombrage à personne et que la métropole ne saurait en concevoir la moindre crainte. Dans nos anciennes colonies, ce développement s'impose si l'on ne veut pas que ces colonies périssent. C'est là une vérité que ne contestera pas M. le ministre. Mais quelles que soient ses bonnes intentions, que pourra faire d'effectif, de sérieux, un ministre qui n'aura pas à côté de lui pour l'éclairer et pour l'aider des hommes compétents? Comment pourrait-il être, dirai-je, d'un esprit assez encyclopédique pour donner à ce domaine colonial qu'il doit mettre en valeur toute l'impulsion nécessaire ? (*Très bien ! très bien !*)

Nous avons constaté, par exemple, dans les anciennes colonies une crise agricole sans précédent ; tout le monde l'a signalée. Nous en avons mille fois conféré avec les ministres qui se sont succédé au pavillon de Flore et, notamment, avec l'honorable M. Lebon.

Quel remède cependant avons-nous pu apporter à cette situation? qu'avons-nous obtenu sur le terrain législatif? Nous avons pu, quand il s'est agi de faire des lois sur les sucres, proposer des solutions, demander justice et obtenir à force de persistance d'insuffisantes compensations : mais le Gouvernement n'a pu faire parvenir aux colonies un conseil, un avis, une instruction, une indication quelconque, pour les aider à sortir de la situation dans laquelle elles se débattaient. Il peut dire qu'il ne pouvait rien parce qu'il n'était pas outillé pour agir. Ayant à gouverner des pays essentiellement agricoles, il n'a pas à sa disposition un instrument capable de pouvoir rendre ce service.

Ne suffit-il pas de signaler une pareille situation pour montrer qu'elle ne peut pas être maintenue ? N'est-il pas nécessaire, puisque tous les services sont représentés à l'administration centrale des colonies, d'y installer non pas une direction, — je n'irai pas aussi loin, — mais au moins un bureau technique d'agriculture où pourront s'adresser les colonies quand elles en auront besoin ?

On parle de transformer notre agriculture ; mais quel conseil le Gouvernement peut-il nous donner, s'il n'a à côté de lui personne qui soit compétent en matière agricole, personne qui puisse même nous tenir au courant de ce qui se fait ici, qui puisse nous envoyer des avis constatant les progrès de l'agriculture française ? Ce que je demande, c'est que l'agriculture soit représentée au ministère des Colonies.

Ou bien, si le Gouvernement ne croit pas devoir faire cette création qui peut entraîner certaines dépenses, je lui demande tout au moins de s'entendre avec son collègue de l'agriculture, de manière que les colonies puissent bénéficier des avantages que les départements français tirent de ce ministère.

Il y aurait là un grand progrès. Nous ne serions plus exposés à tâtonner, à chercher ; nous aurions ici une source de renseignements absolument précis et certains. De plus, le Gouvernement pourrait envoyer lui-même à ses gouverneurs ou aux assemblées locales des renseignements et des instrections qui pourraient largement leur servir.

Sous le bénéfice de ces observations, je descends de la tribune en souhaitant que M. le ministre des Colonies persiste dans les intentions qu'il a manifestées et nous donne satisfaction sur le point précis où j'ai porté le débat (*Très bien ! très bien !*)

M. LE PRÉSIDENT. La parole est à M. le ministre des Colonies.

M. LE MINISTRE DES COLONIES. Je n'ai qu'un mot à répondre aux observations de M. Deproge. La question qu'il vient de soulever est une de celles qui préoccupent le plus et peut-être aurions-nous déjà au ministère des Colonies un service technique comme celui qu'il demande s'il était facile de trouver en France des techniciens en matière de culture tropicale. Depuis deux ans je fais tous mes efforts et par l'organisation de la mission Raoul dont M. Deproge connaît les résultats...

M. DEPROGE. Et la valeur !

M. LE MINISTRE... et par certaines combinaisons soit avec le Muséum, soit avec le musée colonial de Marseille pour arriver à reconstituer certaines collections, certains types qu'on pourrait acclimater dans les colonies.

Mais ce qui me manque totalement à l'heure présente, c'est le *personnel compétent* pour diriger ces cultures. Tout récemment d'ailleurs, j'ai demandé à M. le ministre de l'agriculture la constitution d'une commission composée de fonctionnaires de son département et du mien afin d'examiner comment il serait possible de former un personnel de culture tropicale en France pour la tenir à la disposition des colonies. (*Très bien ! très bien !*)

M. Deproge. Cette déclaration me donne complète satisfaction. Je remercie M. le ministre.

Heureusement que quelques esprits clairvoyants ont commencé à se rendre compte des résultats absolument négatifs et contraires auxquels elle conduisait :

Ils ont compris qu'il nous fallait désormais des générations ouvertes à la réalité, vivantes, armées moralement, intellectuellement et scientifiquement pour la lutte, et capables par conséquent, dans les futures concurrences des peuples, de porter haut notre drapeau.

Pour certains esprits, le meilleur système d'instruction et qui doit emporter tous les suffrages est celui qui permet de « bourrer » l'esprit des élèves de plus de notions possible, seraient-elles les plus diverses, les plus disparates et, disons-le, les plus inutiles. Ils ne se rendent point compte qu'en surchargeant ainsi la mémoire de tout un fatras de connaissances que les enfants n'ont ni le temps ni la force de s'assimiler et dont ils ne comprennent pas plus la raison que le besoin, leur jeune intelligence est la première à en souffrir, et qu'au lieu de l'armer, de l'*instruire*, de la développer, on n'arrive par cette voie qu'à l'obscurcir et à diminuer sa vivacité.

A cela M. Jules Lemaître répond :

Or, ce qui est absurde, c'est que la masse des jeunes Français des classes moyennes reçoivent un enseignement qui ne leur sera jamais d'aucune utilité, même morale. Car, le recevant sans goût, sans aptitude, sans vocation, c'est comme s'ils ne le recevaient pas. En sorte que, à dix-huit ou dix-neuf ans, ils ne sont pas plus capables qu'en entrant au lycée de lire couramment, je ne dis pas une scène de Sophocle, mais une page de Virgile ou une lettre de Cicéron. Joignez que, s'ils ne savent ni le latin ni le grec, en revanche ils ne savent pas mieux l'anglais, l'allemand, la géographie ou les sciences naturelles. Un bachelier ès lettres moyen est un monstre. Un prodige de néant......

. . . .

Dans la plupart des cas, le baccalauréat, littéraire ou scientifique ne prouve rien. Le hasard y joue un trop grand rôle. Le baccalauréat prouve moins que ne feraient les notes données et les certificats délivrés dans les lycées et, sous le contrôle paternel de l'Etat, dans les établissements libres. Présentement, il gêne sans profit ceux qui le préparent, élèves et professeurs, et il accable et abrutit ceux qui le font passer.

Si les conversations qui ont lieu chaque jour au sein de toutes les familles sur ce qu'on fera du fils étaient tenues à haute voix ; si l'on avait le spectacle des angoisses poignantes dont les pères et les mères sont étreints ; si toutes les inquiétudes, toutes les craintes, toutes les désespérances, au lieu de se produire isolément dans le silence et le secret du foyer, étaient exprimées en plein jour, — à leur contact mutuel, et tant elles sont nombreuses, elles acquerraient un tel degré d'exaspération et d'intensité qu'il n'y aurait pas d'organisation administrative et politique en état de résister à l'ébranlement qu'elles lui imprimeraient. Le Gouvernement serait mis en demeure de s'occuper sur l'heure d'ouvrir des débouchés.

Avec M. Jules Lemaitre nous faisons appel aux fils et aux filles de la petite noblesse terrienne de France.

Ceux-là, par leur médiocre fortune, par leur condition sociale, par leur éducation et leurs aptitudes, me paraissent aussi rapprochés que possible de ces « cadets » d'autrefois qui, forcés de se tirer d'affaire, ont été souvent de si utiles aventuriers.

Les nobles et vaillants exemples du duc d'Uzès et du prince Henri d'Orléans sont faits pour remettre en honneur dans la noblesse ce désir d'expatriation, où ils retremperont les quartiers de leur noblesse dans une gloire pacifique qui vaudra bien celles de leurs aïeux. Car il n'est pas bon de laisser dire que la colonisation n'est bonne que pour les déshérités ou les victimes de la société.

On sait que, d'après les mœurs de l'époque du Roi Soleil, toute opération de commerce ou d'industrie, autrement dit toutes les affaires étaient interdites aux classes élevées de la société.

Richelieu n'hésita pas à faire décréter que tous « prélats, seigneurs, gentilshommes, officier du conseil de sa Majesté, des cours souveraines et autres », avaient l'autorisation de s'intéresser dans les affaires des compagnies coloniales « sans diminution de leurs noblesse, dignités, qualités, privilèges, prérogatives et immunités » (1).

(1) Compagnie du Canada (1626) :
Art. 15. — Permettons à toutes personnes de quelque qualité qu'elles soient, tant ecclésias-

La colonisation ramènera notre jeunesse qui s'expatriera aux bons vieux temps sereins et sages, où la névrose était inconnue, parce que tous les gens de France, qu'ils fussent de pioche ou de marteau, de plume et d'épée avaient le pain assuré dans le sillon de la charrue.

Ce n'est plus le temps de nous demander si nous avons bien fait de nous annexer un si vaste empire colonial.

Nous devons maintenant organiser nos colonies et les utiliser au point de vue économique; ce sera la tâche de la nouvelle Chambre, qui aura à s'occuper d'une façon précise à favoriser le commerce, en lui ouvrant des débouchés et en donnant ainsi à la colonisation l'appui qui lui manque.

Donnons le plus éclatant démenti aux esprits chagrins qui persistaient à croire que la colonisation est inutile, dangereuse même.

Pour les convaincre, nos mains sont pleines d'arguments; car ce dont on est particulièrement frappé lorsque l'on consulte ces documents officiels, c'est de la masse énorme de denrées provenant des pays tropicaux ou intertropicaux que les nations étrangères nous fournissent, et qu'il nous serait possible de demander à nos propres colonies.

Ainsi il est importé en France 65.184.586 kilogrammes de café représentant une valeur de 175.177.755 francs; nos colonies ne nous en envoient que 765.525 kilogrammes, soit pour une somme de 1.783.673 francs.

Nous recevons 5.261.628 kilogrammes de caoutchouc et de gutta-percha, évalués 27.781.398 francs; il ne nous en vient de nos colonies que pour 2.699.644 francs, soit 492.359 kilogrammes.

Les contrées d'outre-mer nous expédient 3.048.148 kilogrammes de conserves de viandes en boîtes, qu'elles nous vendent 4.657.777 francs; dans cette importation nos colonies n'entrent que pour 491.151 kilogrammes, valant 589.381 francs.

Pour 162.177.231 kilogrammes de coton, estimés en douane 166.866.898 francs qui nous viennent de l'étranger, nous n'en recevons que 8.338 kilogrammes de nos colonies, soit pour 8.255 francs.

tiques, nobles, officiers que autres, d'entrer en ladite Compagnie sans pour ce déroger aux privilèges accordés à leurs ordres.

Compagnie de Saint-Christophle et isles circonvoisines (1635) :

Art. 12. — Et d'autant que le principal objet des associés et de ceux qui se pourront associer est pour la gloire de Dieu et l'honneur du royaume, Sa Majesté déclarera que les prélats et autres ecclésiastiques, les seigneurs et gentilshommes et les officiers, soit du conseil de Sa Majesté, cours souveraines ou autres, qui seront associés, ne diminueront en rien de ce qui est de leurs noblesse, qualités, privilèges et immunités.

Nota : Une clause analogue figure dans toutes les chartes des Compagnies.

L'étranger importe en France 3.540.999 kilogrammes de clous de girofle, de vanille, de canelle et de poivre d'une valeur de 3.706.021 francs ; l'importation des mêmes articles de nos colonies ne s'élève qu'à 3.237.696 francs.

En face d'une importation de laine en masse de 251.559.892 kilogrammes représentant une valeur de 394.906.843 francs, nos colonies, Algérie et Tunisie comprises, ne comptent que pour 4.466.252 kilogrammes ou 6.476.066 francs.

Nous ne recevons de nos colonies que 2.725.819 kilogrammes de bois d'ébénisterie, d'une valeur de 730.153 francs, contre 19.666.571 kilogrammes que nous envoient les autres contrées exotiques et qui sont évalués en bloc à 5.167.994 francs.

Pour les bois de teinture, les importations de l'étranger montent à 119.415 kilogrammes payés 17.912.200 francs, tandis que celles de nos colonies s'élèvent seulement à 10.845.667 kilogrammes valant 1.628.850 francs.

Pour les arachides, contre 53.431.191 kilogrammes d'une valeur de 11.896.714 francs que les autres pays font entrer chez nous, les envois de nos colonies ne dépassent pas 49.705.329 kilogrammes, soit 10.197.115 francs.

Quant aux graines de sésame et aux amandes de noix de coco, en face d'une importation de l'étranger se chiffrant par 164.985.171 kilogrammes qu'on nous fait payer 48.503.467 francs, les envois de nos colonies sont de 2.550.082 kilogrammes, d'une valeur de 799.962 francs.

Enfin et pour terminer, contre 15.191.448 kilogrammes de cacao nous venant de contrées exotiques autres que les colonies françaises et qui valent 21.268.028 francs, celles-ci ne nous en expédient que pour 880.377 francs, soit 628.841 kilogrammes, etc., etc.

L'Algérie est incapable d'alimenter la grosse consommation d'oranges que nous faisons, nous sommes obligés d'aller demander le surplus à l'Italie ou à l'Espagne.

Laisserons-nous toujours aux étrangers le soin de nous approvisionner des produits exotiques? Continuerons-nous à prêter nos capitaux à des étrangers qui, après s'en être servis, deviendront nos ennemis ou renieront peut-être leur dette! Les lois qui régissent la métropole et nos colonies sont identiques, par suite le métropolitain est assuré qu'en cas de contestation, les tribunaux le jugeront avec impartialité, les capitaux qui se risqueraient dans nos colonies éloignées seraient moins exposés que dans les pays étrangers ou la législation est différente.

En nous attardant quelque peu à mettre en relief toutes les défectuosités de ces idées et de ce système, nous avons cru remplir un devoir de conscience, car si l'on y persistait plus longtemps, la politique coloniale dont la France de l'avenir doit attendre les plus grands bienfaits, ne pourrait nous conduire qu'aux plus cruelles déceptions.

Il est bien entendu que ces critiques dépassent de beaucoup les hommes et demeurent en dehors d'eux ; elles s'adressent uniquement à un système et à des idées qu'ils ont été les premiers à subir, et que peut-être, s'ils en eussent eu la pensée et la force, ils n'auraient pas eu le temps de réformer.

Pour tout homme politique ayant le sens de ce que sont les besoins essentiels d'un pays, le problème de la colonisation apparaît comme la solution de la question sociale.

En orientant la jeunesse française vers les colonies, en démocratisant nos domaines coloniaux conquis par nos enfants, nous faisons deux œuvres dignes d'un pays qui veut rester à la tête de la marche de l'humanité.

DÉPOPULATION

ÉMIGRATION ET CAPITAUX

Songeons que la France recule peu à peu au dernier rang des nations européennes; les statistiques indiquent autant de décroissement proportionnel de sa population que celui de son exportation.

Le remède à cet état de choses se trouve dans l'émigration vers nos colonies.

Car l'émigration bien comprise vers nos possessions coloniales, loin d'affaiblir notre population l'augmentera et la vivifiera.

On obéirait donc à une crainte chimérique si l'on s'imaginait qu'en développant l'émigration de la France vers ses colonies ou les autres pays, elle aurait pour conséquence finale de diminuer le montant de notre population métropolitaine.

Bien au contraire, c'est un phénomène tout différent qui se produirait.

Dans la *Solidariste* du 30 avril 1897, nous disions :

Entre M. Robin de Cempuis, qui demande à l'épouse ou à l'amante de fuir la Maternité, la noble et sainte Maternité, source de joies réelles et puissantes de la vie ; et M. Bertillon qui crie partout *faites des enfants*, il y a un pas.

L'un prêche « le plaisir sans peur de Tartufe », la grève des ventres, la rébellion des entrailles ; l'autre demande l'aveuglement dans l'acte suprême, c'est-à-dire que tous les bonjours et les bonsoirs irréfléchis soient fructueux. Qui a raison ?... Qu'un sage nous le dise !

J'ai dit ailleurs :

« En face de la dépopulation qui nous menace, il faut autre chose qu'une ligue qui promette aux prolifiques des bureaux de tabac. Car le privilège d'être débitant de narcotique deviendrait alors un peu trop cher !

Il faut, dis-je, une organisation sociale qui donne la sécurité du lende-main.

Cette organisation, il n'y a que la mutualité qui puisse nous la donner :

1° En faisant de la mutualité *ab avo*, c'est-à-dire en organisant partout la *mutualité maternelle*, avant même que l'enfant ait eu le temps de naître ;

2° Enfant, sur le banc de l'école enrôlez-le à la *mutualité scolaire* ;

3° Jeune homme ou jeune fille, enrégimentez-les dans une société de *secours mutuels* en cas de maladie; dans une société de *crédit mutuel à prêts gratuits* en cas de gêne ;

4° Affiliez-les enfin dans une société de retraite qui non seulement leur donnera une sécurité pour leur vieillesse, mais qui assurera, eux disparus, un abri et du pain à leurs orphelins.

Dès lors, tout individu ainsi éduqué, n'ayant plus à craindre les morsures de la misère noire pour lui et les siens, n'hésitera pas à mettre au monde le premier et le septième mutualiste. Il le fera avec d'autant plus de plaisir qu'il ne fera pas des êtres errants ici-bas dans l'enfer de la misère, et le purgatoire de toutes les douleurs.

Voilà pourquoi, à mes yeux, le malthusien pauvre dans l'état des choses actuelles est un sage, parce qu'il a peur qu'à la mamelle tarie de la mère épuisée de misère l'enfant ne trouve le vinaigre des Haines.

Donc ne dites plus que la *mater dolorosa* du peuple fait la grève des gosses. Dites simplement que c'est notre organisation sociale qui pousse au *truquage frauduleux* ; il en sera ainsi tant que nous n'aurons pas développé la mutualité dans toutes ses branches.

On comprend, dans ces conditions, les appréhensions et quelles angoisses l'arrivée d'un enfant en trop doit être accueillie dans une famille française.

Or, si l'on considère nos millions de familles de fonctionnaires, d'employés d'administrations privées, de petits commerçants, de petits artisans, de petits propriétaires, pour la plupart gênés, pour la plupart condamnés quotidiennement à des prodiges d'économies, afin de joindre les deux bouts, c'est au moins les deux tiers de la France sinon les trois quarts. Pour ces millions de familles, le « croissez et le multipliez ! » biblique ne saurait donc être qu'une triste ironie. Pour elles, un enfant au delà de ceux que leur état de fortune leur permet, représenterait un luxe qui leur est défendu, qu'elles ne peuvent se donner.

On se méprendrait en cherchant ailleurs la cause de l'affaiblissement de la natalité en France ; elle a sa source dans la gêne. Tant que cet état de chose durera, chacun se préoccupera de soustraire au lieu de multiplier.

Dans l'intérêt de la politique coloniale aussi bien que dans celui de la réalité des choses, il importe donc de démontrer qu'au contraire entre la natalité d'un peuple et son émigration, il existe la connexité la plus étroite et que la natalité est d'autant plus puissante que l'émigration est plus forte.

Aussitôt qu'on parle d'émigration, la pensée vient de suite à l'esprit qu'émigrer c'est dépeupler et que l'émigration ne saurait s'opérer dans un pays qu'à la condition de diminuer sa population. Il y a là une erreur capitale que démentent les faits et qu'il est bon de faire disparaître.

Tous les ans, à destination des États-Unis, il part d'Allemagne des émigrants par centaine de mille et le chiffre est au moins aussi élevé de ceux qui abandonnent leur pays pour aller s'établir sans esprit de retour, les uns dans la plupart des provinces de l'Empire russe, les autres dans les contrées baignées par le Danube, les autres sur d'autres points du globe. L'émigration est encore plus imposante en Angleterre, qui inonde de ses colons le monde entier. Et toutes proportions gardées, l'Italie, la Belgique, la Suisse n'émigrent pas moins.

Si, comme on le suppose *a priori*, émigrer était dépeupler, la population métropolitaine de ces divers pays, en raison de l'intensité même de leur émigration, devrait diminuer ou tout au moins demeurer stationnaire. C'est le contraire qui existe : à chaque recensement nouveau, elle marque d'importants accroissements.

En France, nous n'émigrons point, car les 10 ou 12.000 de nos nationaux qui chaque année, en moyenne, quittent la mère-patrie ne peuvent pas être regardés comme constituant un courant d'émigration appréciable, pouvant être comparé à celui des nations que nous venons de citer. Cependant notre population n'augmente qu'imperceptiblement; bien mieux même, elle aurait une tendance à diminuer (1).

La conclusion à tirer de ces faits, c'est qu'entre la natalité d'un pays et son courant d'émigration, les plus grands rapports existent. Plus l'émigration y est abondante, plus la natalité augmente et, quand la natalité diminue, c'est, ou qu'on n'y émigre

---

(1) Dans une étude démographique que le *Times* publiait l'année dernière, nous trouvons le passage suivant. Les chiffres donnés ont beau être connus, il n'est pas inutile de les rappeler:

« La perspective de l'avenir de la France, dit l'auteur de cette étude, est bien faite pour jeter la perplexité et l'alarme dans l'esprit de ses hommes d'État réfléchis.

« Au commencement du siècle, la population de la France était presque le double de celle de la Grande-Bretagne. Aujourd'hui la population de cette dernière l'emporte sur celle de la France.

« En 1788, la France était supposée avoir 24 millions d'habitants. On n'assignait alors à toute l'Allemagne qu'une population de 15 millions d'âmes dont 6 millions pour le royaume de Prusse. Aujourd'hui l'Allemagne a 50 millions de sujets. La Prusse a elle seule en compte plus de 30 millions. La Grande-Bretagne a augmenté sa population de 200 pour 100 depuis la fin du siècle dernier, et la France ne s'est accrue que d'environ 50 pour cent. »

pas, ou que l'émigration ne s'y effectue que sur une très faible échelle.

Combien de jeunes gens à cette heure se plaignent de n'avoir ni travail ni salaire chez nous, lorsque, en s'engageant suivant notre mode, ils rencontreraient l'aisance sinon la fortune au loin, dans une de nos colonies !

Car là-bas, c'est encore la France, les rallonges de cette admirable France que tous nos voisins nous envient, parce qu'elle est le véritable caravansérail où tous les peuples passent.

Mais soyons sans inquiétude le jour où nous aurions ouvert des débouchés à nos nationaux, le jour où nous leur aurions fait prendre le chemin de nos colonies et où ils auraient la certitude de pouvoir s'y occuper, s'y établir et y faire fortune, on peut être sûr que ce jour-là nous aurions restitué à notre natalité son, ancienne puissance et qu'au bout de quelques années elle serait redevenue ce qu'elle était il y a un siècle.

Aujourd'hui, dans l'état actuel des choses, la mise en valeur et le peuplement de nos territoires coloniaux ne peuvent être obtenus que d'une façon, par la colonisation que nous appellerons la colonisation collective.

Avec le genre de colonisation individuelle employé jusqu'à ce jour, la colonisation devient impossible; les émigrants qui partent spontanément, souvent au hasard, sans direction. sous leur responsabilité personnelle, emportant leur petit avoir, allant chercher fortune dans la colonie sur laquelle, à la suite d'informations plus ou moins sûres, ils ont jeté leur dévolu, vont souvent à la mort ou à la ruine.

Une fois qu'ils sont arrivés à destination, ces futurs colons ne sont ni recueillis, ni conseillés, ni installés par des gens personnellement intéressés à leur réussite, et qui considèrent le succès de ces colons comme le leur propre.

Ce n'est pas tout.

Comme l'ordre économique repose de nos jours exclusivement sur l'échange et qu'une fois aux colonies, l'essentiel n'est pas seulement de produire, mais surtout de vendre, sous peine d'être dans l'impossibilité de se procurer ce dont on a besoin, il en résulte que ces colons ne peuvent fonder leurs établissements qu'au milieu ou à proximité de centres déjà existants, autrement dit dans des endroits où le commerce soit déjà organisé; ailleurs ils ne pourraient écouler leurs produits.

Or, dans les centres ou à proximité des centres, les terrains ont toujours une certaine valeur; on y devient propriétaire beaucoup moins facilement ; en tout cas, le colon ne peut point profiter du prix insignifiant et de la fécondité exceptionnelle des terres vierges et riches, situées dans les régions écartées, où la population européenne n'a pas encore pénétré.

Il est manifeste qu'avec l'unique concours de ce mode de colonisation, même au cas où il pourrait être puissamment favorisé par l'État, il faudrait plusieurs générations, avant que des résultats appréciables pussent être atteints dans l'ensemble de nos colonies, c'est-à-dire avant que celles-ci fussent en état de pourvoir elles-mêmes, et par leurs propres ressources, à leurs dépenses de travaux publics et autres, et avant qu'elles pussent posséder la main-d'œuvre, les colons et tout les capitaux nécessaires à leur mise en valeur.

Les capitaux ne manquent pas en France, ils y foisonnent, on peut même dire qu'il y a trop-plein ; pour s'en convaincre, il suffit de lire le bilan de toutes nos Sociétés de crédit à leur chapitre *dépôts*. Mais lorsqu'il s'agit d'aller aux colonies, nos capitaux semblent participer du tempérament des habitants ; ils sont timides, craintifs. Ils le sont du reste devant toutes les affaires, quelles qu'elles soient, tenant au commerce, à l'agriculture ou à l'industrie.

Mais que de sérieux courants se forment vers les colonies, et l'on peut être assuré qu'en dehors des capitaux que les colons emporteront avec eux, d'autres suivront immanquablement. Cette émigration sera d'autant plus rapide et abondante, que les affaires présentées au public auront été étudiées avec soin et que l'on saura qu'il y a à leur tête des hommes dignes de toute confiance.

Les mêmes raisons qui feront sortir les colons de France en feront sortir les capitaux. Les colons partiront pour aller à la recherche d'une situation meilleure, et l'argent émigrera pour recevoir un revenu plus élevé.

Nous ajouterons bien volontiers que la baisse du taux de l'intérêt de l'argent est une excellente chose, puisqu'elle obligera tous les capitaux désireux d'un intérêt plus rémunérateur d'émigrer vers nos colonies.

Ils émigreront volontiers vers ces *autres France* du jour où ils sauront qu'il y a une sécurité double : d'ordre et d'économie, capables de les faire fructifier dans une exploitation de tout repos.

Certes, les colonies ne se font point en un jour, mais en laissant travailler le capital et les bras de nos colons pendant quelques années, nous pouvons espérer les plus beaux résultats.

Qu'il soit placé dans les fonds d'État ou dans les valeurs garanties, l'argent rapporte aujourd'hui si peu, qu'il suffira aux entreprises coloniales d'offrir un simple commencement de sécurité, pour que nos colonies soient assurées de trouver dans la métropole tout les capitaux dont elles pourraient avoir besoin.

Si des financiers, imbus des idées d'autrefois, s'effrayent d'une charge aussi lourde et déclarent que la France n'est pas de force à la supporter, nous les prirons de considérer l'Angleterre, car il serait temps d'entrer dans une politique qui consisterait à faire supporter aux colonies leurs propres dépenses, en y apportant naturellement les tempéraments nécessaires (1).

Mais ces défiances disparaîtront le jour où le capital aura confiance dans notre armée coloniale, le jour où la loi, brisant d'inutiles entraves, donnera aux citoyens le droit d'être soldat et colon ; le jour enfin où les soldats colons pourront associer leurs bras et leur volonté aux capitaux d'une compagnie agricole.

· Alors seulement, croyez-le, « nos colonies auront le crédit financier le jour où elles auront le crédit moral ».

(1) Presque toutes les colonies britanniques comblent leurs dépenses avec leurs propres ressources ; elles ne reçoivent aucun concours de la mère-patrie.

Si nous mettons à part l'Inde qui a un budget de 1,250 millions qui s'équilibre, les colonies anglaises se divisent en deux grandes catégories : les colonies responsables et les colonies de la Couronne. Les premières, au nombre de onze, ont leur Parlement, leurs ministres, leur administration. L'Angleterre les représente simplement dans leurs rapports avec les puissances étrangères et elle nomme leur gouverneur qui a seulement droit de *veto*. Son traitement est aux frais de la colonie, dont le budget est tout à fait indépendant de celui de la mère-patrie.

Les colonies de la Couronne sont plus nombreuses : il y en a trente et une. Chacune d'elles est administrée par un gouverneur nommé par le gouvernement britannique et dirigé par lui. Parmi ces colonies, cinq n'ont aucun conseil législatif et dépendent exclusivement du gouverneur qui a tous les pouvoirs ; seize ont un conseil législatif nommé par le gouverneur et neuf ont un conseil législatif nommé en majorité par le gouvernement et le reste à l'élection. Toutes sont sous l'administration directe du ministère des colonies, par l'intermédiaire des gouverneurs qui ont une grande autorité et beaucoup d'indépendance. Pour toutes les affaires d'une certaine importance, ils doivent néanmoins en référer au secrétaire d'Etat à Londres, mais ils se prononcent sur toutes les questions secondaires, nomment à tous les emplois au-dessous de 2,500 francs et proposent les candidats pour tous ceux qui ne dépassent pas 5,000 francs. Seuls les emplois supérieurs restent à l'attribution du ministre des colonies.

Les colonies de la Couronne soumettent leurs budgets à l'approbation du *Colonial Office* (ministère des colonies). Ces budgets sont dressés d'après un modèle uniforme qui facilite les comparaisons ; mais ils ne sont pas discutés par le Parlement, car les finances de la Grande-Bretagne n'y sont pour ainsi dire pas intéressées. Toutes les dépenses : justice, police, et même les traitements des gouverneurs, sont à la charge des budgets locaux. Aussi le budget des dépenses civiles du *Colonial Office* ne s'élève-t-il qu'à un chiffre relativement faible.

Pour s'en rendre compte, il suffira de comparer les chiffres suivants relevés dans les budgets coloniaux anglais et français pour l'exercice 1897. L'Angleterre compte 43 colonies, d'une superficie de plus de 38 millions de kilomètres carrés sur lesquels vit une population de 393 millions et demi d'habitants. Elle consacre pour l'administration de ces immenses territoires 9,175,723 fr. de dépenses civiles et 58,065,700 francs de dépenses militaires. Au total, 62,211,423 francs.

La France, elle, possède 21 colonies d'une étendue de 2,981,900 kilomètres carrés, moins du douzième, avec une population d'environ 32 millions d'habitants. Les dépenses civiles de ses colonies montent à 15,864,310 francs et ses dépenses militaires à 33,480,000 francs. Total : 74,344,310 fr. pour 1897 et pour 1898, nous atteignons, rappelons-le, cent millions.

LE ROLE DE LA FEMME DANS NOS COLONIES

Quoique n'ayant pas toujours trouvé dans la femme un collaborateur juste et loyal, je reste néanmoins un féministe convaincu.

Promoteur de la *Ligue des femmes pour le désarmement*, j'ai expérimenté dans ce milieu la quintessence de la perfidie et de la félonie de la demi-mondaine, arrivée à un degré de l'échelle sociale, par toutes les étapes de l'intrigue et de la courtisanerie.

Je suis convaincu qu'une œuvre féministe ne peut porter des fruits à condition d'avoir à sa tête des femmes d'une moralité exemplaire. Mais ici, il ne s'agit pas de demi-mondaines, n'ayant qu'un vernis superficiel d'éducation et de moralité; il nous faut des femmes du peuple, aux hanches fortes, à la poitrine développée, désireuses d'être épouses et mères.

Celles-là savent que le travail est comme le sel, il donne bon goût au pain que l'on mange à la table sainte de la famille.

Le soldat laboureur marié centuplera sa force dans ces terres lointaines où la famille de son berceau sera absente.

La femme française, vaillante et brave comme la sublime Jeanne (1), ira avec l'élu de son cœur vers d'autres cieux planter sa tente.

Elle sera la lumière et la chaleur de la paillote abritée sous le drapeau de la France; elle couvera dans son cœur toutes les nobles vertus pour les fils de ses entrailles, elle les enveloppera de son âme vaillante et généreuse.

Oui, elle ira sans réflexion vers nos riches colonies, du jour qu'elle saura que les fils de sa chair trouveront l'épi de son pain, l'olive qui fait son huile, le bois qui fait son feu.

(1) A la tête de nos exploratrices nous devons citer Mmes Dieulafoy, d'Attanoux, Isabelle Massieu

Là où le superflu est inconnu, il est rare que le nécessaire manque. La fille des champs sait par expérience que l'homme des campagnes est heureusement pauvre, tandis que l'ouvrier des villes, à qui l'on fait de sa pauvreté une honte, se fait à son tour un vice de sa pauvreté.

M. Arvède Barine a essayé de prouver dans le *Figaro* que la femme française manquait de virilité ; il se trompe, il méconnaît la vaillance de la femme du peuple, qui, mère, irait au bout du monde pour le bonheur de ses enfants. Il se trompe aussi, lorsqu'il croit que la femme sera une pierre d'achoppement du Français aventureux.

Loin de là : la femme sera l'auxiliaire puissante de son époux ; elle sera l'émule de son expatriation et, pour le prouver, je me servirai des propres paroles de M. Barine (1) :

« La nature l'a comblée des dons qui font qu'une femme se tire toujours d'affaire, dans quelque situation que le sort l'ait placée. Ce n'est pas la peine d'être intelligente et courageuse, adroite et économe, d'avoir du bon sens, de savoir tirer parti de tout, pour agir et raisonner en empaillée. Il faut qu'elle comprenne qu'il est de son intérêt, de celui de son mari et de ses enfants, de son pays par contre-coup, qu'elle secoue enfin l'antique routine et devienne de son temps, aussi facile à mettre en mouvement et à transplanter ici ou là qu'une Anglaise ou une Américaine. »

La meilleure preuve que la femme s'expatrie, c'est qu'il existe depuis plus d'un an, grâce à l'heureuse initiative de MM. Chailley-Bert et J. Godeffroy une *Société française d'émigration des femmes* (2).

La Société d'émigration compte aujourd'hui 128 membres, dont 3 membres d'honneur : M. le Président de la République, Mme Félix Faure et Mlle Lucie Faure ; 22 bienfaiteurs, dont la Ligue Coloniale de la Jeunesse ; 42 sociétaires, parmi lesquels M. le Ministre des Colonies, les Conseils généraux de la Seine-Inférieure et de la Haute-Savoie, les Chambres de Commerce de Bordeaux, Roubaix, Montpellier, Douai, Le Mans, Auxerre, Pont-Audemer, etc., et 64 membres adhérents.

Elle a rencontré l'appui très net du Président de la République et du Ministre des Colonies.

Dans une audience qu'il a bien voulu accorder à la Secrétaire générale de l'œuvre, M. Félix Faure, toujours prêt à encourager

(1) Voir le *Figaro* du 12 mars 1898.
(2) Voir la *Quinzaine coloniale* du 25 janvier 1898.

tout ce qui touche à la colonisation, disait à Mme Pégard qu'ayant habité l'Angleterre, il sait tout ce que les femmes anglaises ont fait pour la colonisation.

Il faut donc féliciter Mme Pégard de s'être dévouée à cette noble cause, puisque, dans les cinq premiers mois de son existence, elle a pu envoyer dans nos colonies une quinzaine de personnes. M. Chailley-Bert, dans la *Revue des choses coloniales des Débats* (1) parlant de l'émigration des femmes dit :

« Un dernier pas restait à faire et voici qu'il va l'être : nos colonies conquises, occupées, cultivées, peuplées sont une société anormale ; l'élément primordial de toute société y fait défaut ou y est rare : l'élément féminin. Les statistiques, sur ce point, ou n'existent pas, ou n'ont pas, croyons-nous, été publiées ; mais il ne me semble pas que l'on puisse évaluer la proportion des femmes habitant les colonies à plus de 1 pour 4, et, dans bien des points, 1 pour 5 ou même 6 hommes. La conséquence de cette inégalité saute aux yeux. La vie de famille n'existe presque nulle part, et, là où elle existe, elle est menacée. Les célibataires, qui constituent la majeure partie de la population européenne, sont comme le lion des Écritures, *quærens quem devoret*. Ceux à qui décidément ne suffit pas la vie d'affaires, la vie de cercle, la vie de dissipation, n'ont devant eux que deux ressources : la religion et le foyer d'autrui. La religion, par malheur, manque à beaucoup, et alors le foyer d'autrui s'ouvre devant eux, et parfois se referme sur eux et s'abîme avec eux.

C'est là une cause profonde de malaise et de trouble qui n'a échappé à personne. L'opinion est unanime : « les colonies manquent de femmes. Il faut leur en procurer. »

Pour notre compte personnel nous n'avons jamais compris la colonisation avec un seul sexe ! Songez que les plantes faibles s'entrelacent ensemble pour résister aux ouragans. Priver l'homme de ce *consortium :* la femme, c'est le décapiter ; car, si le soleil est le décorateur suprême, la femme est l'étoile radiante du foyer. Sa présence entretiendra les douces illusions du village absent et calmera les regrets des premiers jours.

C'est immoral, croyons-nous, d'expatrier des jeunes soldats, dont l'oisiveté de cette heure porte aux désirs par l'abstinence exaspérée. Le climat aidant, vous faites de l'homme un être hybride. Puis avec ses pénates, l'homme seul ne vous apporte pas la civilisation rationnelle, il ne vous donne qu'une fausse illusion de la société mixte, tandis que la femme complète l'œuvre de

(1) *Journal des Débats* du 9 janvier 1897.

l'homme. En organisant son foyer, elle calque la société future, son ordre et son économie serviront d'exemple à la direction des finances de la commune.

Puis, c'est elle qui porte dans ses flancs la terre propice à faire fleurir dans les *nouvelles France* le spécimen français qui donnera le branle au siècle futur de ces patries nouvelles. La femme seule est capable de faire aimer ces terres vierges à ses rejetons, car, par l'allaitement, elle aura infusé dans l'âme de ses fils l'amour du berceau qui les aura vu naître.

Ne craignez rien, la femme sera la première à demander à partir. Car dans ses intuitions sensitives, elle entreverra pour elle et ses progénitures le jeune et splendide Eden des premiers jours de la création. Elle verra ses enfants plus heureux loin des cruels préjugés de l'Europe, des plaisirs de l'amour et du bonheur de l'égalité.

Sûre d'un rayon de soleil pour son mari, de son pain, de son vêtement, de son foyer, d'un berceau pour ses fils, d'une tombe inviolable pour ses morts !... elle ira partout vaillamment, où le devoir l'appellera, donner aux femmes indigènes les notions de la maternité française, qui, par son culte au Marianisme, est la mère des mères. Et sur ce chapitre je suis d'accord avec M. Arvède Barine lorsqu'il dit :

Aucune ne se donne plus complètement et plus exclusivement à ses enfants, au point que les étrangers lui reprochent de leur sacrifier son mari et d'être plus mère qu'épouse. Regardez-la à l'œuvre, enveloppant son petit garçon non pas seulement dans du coton, mais, si j'ose ainsi parler, *dans son âme à elle*, afin que ce petit cœur d'enfant ait chaud, et qu'il s'imprègne lentement, à ce pur contact, des délicatesses morales dont se composeront plus tard sa probité et son honneur d'honnête homme. Il grandit : elle devient son meilleur ami, le confident et le consolateur des bons et des mauvais jours — car elle a bien rarement affaire à un ingrat ; on peut dire que, chez nous, les fils sont la revanche de la vie pour les femmes qui l'ont eue dénuée ou douloureuse.

Puis enfin dans l'ordre de la production commerciale, la femme peut jouer un grand rôle, ne serait-ce que dans l'élevage des vers à soie qui peut donner d'utiles profits à nos colons.

Sa main laborieuse répandra la fécondité jusque dans les lieux les plus stériles de son enclos.

La nécessité donne de l'industrie et souvent les inventions les plus utiles ont été dues aux hommes les plus misérables.

La femme, qui sait qu'on ne fait son bonheur qu'en s'occupant de celui des autres, pourra, en dehors de l'élevage de toutes sortes, faire de l'ornithologie pratique.

Certains oiseaux utiles pourraient être acclimatés en vue de la destruction des insectes qui cherchent à se désaltérer dans le sang des hommes et des animaux.

« L'oiseau eût vécu, dit Michelet, sans l'homme, l'homme n'eût pas vécu sans lui; c'est lui qui nous a préparé la terre et l'a rendue habitable en la débarrassant des insectes et des reptiles. »

Allez, enfants de France, la main dans la main comme on représente la constellation des Gémeaux, vos deux têtes unies par la même ambition, comme les enfants de Léda enclos sous la même coquille, vers ces terres promises de notre démocratie.

« Que les frères d'Hélène, astres charmants comme vous, et que le père des vents vous dirigent et ne fassent souffler que le Zéphyr! »

La colonisation ainsi comprise n'est pas seulement une affaire, mais une œuvre essentiellement patriotique, et c'est ainsi qu'il faut la prendre.

L'explorateur Bonvalot, l'apôtre du comité Dupleix, exprimait récemment à Orléans, devant un brillant auditoire, ses regrets de l'apathie française en face de l'activité des autres nations qui accaparent le commerce des colonies que les négociants de la métropole abandonnent aux étrangers.

Pour remédier à un tel état de choses, le conférencier demande que l'on impose moins d'examens et de diplômes aux enfants, mais que l'on développe davantage chez eux le goût des voyages.

Dans une démocratie, il importe que chaque membre de la nation considère comme ses propres intérêts ceux des autres citoyens; c'est ainsi que surgiront les hommes dont a besoin la France.

M. Bonvalot adjure les dames présentes d'envoyer hors des limites de la mère-patrie leurs fils, afin que, voyant l'influence française circonscrite, ils luttent pour la grandeur et la puissance de notre pays.

La voix éloquente de cet intrépide apôtre retentira-t-elle dans le désert de notre insouciance?

———

CONCLUSIONS SOCIALES

Nous demandons, avec tous les penseurs de ce temps, avec tous ceux qui forment cet immense parti — qui s'ignore encore — des solidaristes, la solution des questions sociales par la colonisation. Nous terminerons ainsi pacifiquement cette crise sociale due aux encombrements professionnels : car le mal présent demande un équilibre entre la population et les professions, entre la consommation et la production.

Par ces moyens énergiques, dignes d'une démocratie, nous détruirons le paupérisme.

N'hésitons pas, car un grand et irrésistible mouvement d'évolution sociale se prépare en Europe.

La France ne peut rester en arrière, son rôle est d'être au premier plan dans ce mouvement de solidarité.

Pensons aux petits, aux faibles que l'avenir inquiète, et que le lendemain incertain aigrit.

Riches, songez que vous avez dans les mains tout le capital social accumulé par les siècles et fourni par la nature, et devant vous l'innombrable foule des travailleurs. Qu'allez-vous faire ? Comment allez-vous procéder pour calmer cette soif du minimum du bonheur et de sécurité ?

Prenez garde, si vous ne prélevez sur vos capitaux *la dîme sociale de colonisation*, une crise redoutable fermentera les masses dans notre sein, et nos frontières pourraient peut-être encore rougir de notre sang, n'ayant pas su l'utiliser pratiquement dans l'exploitation de notre riche domaine colonial.

L'amour de la propriété existe chez le travailleur comme chez tout homme. En permettant à l'ouvrier de songer au moment où il pourra être propriétaire, on lui fournit un stimulant bien puissant.

Sachant que son avenir dépend de ses efforts, il redoublera d'énergie pour se dire un jour propriétaire légitime de son logis.

Puis notre démocratie peut-elle être avare de la terre que nos petits soldats de France ont arrosée de leur sang ?

Pouvons-nous oublier que la République ne sera qu'un vain mot tant que nous n'aurons pas donné le maximum de sécurité sociale à tous ceux qui travaillent pour le bien et la grandeur de la patrie ?

M. Jules Simon disait dans une page éloquente autant que généreuse

« Loin de traiter les ouvriers en mineurs et en incapables, hâtons-nous d'en faire des hommes. Il y a pour cela trois moyens : développer chez eux le sentiment de la responsabilité individuelle; fortifier leur volonté par l'éducation, le travail et l'épargne; les rattacher aux intérêts généraux de la société en leur facilitant l'accès de la propriété. Voilà la seule méthode vraiment libérale, la seule qui puisse ramener l'ouvrier dans la famille, et détruire définitivement le paupérisme en détruisant la débauche. »

L'illustre philosophe avait raison, la propriété est d'une émulation féconde, mais elle ne se généralisera que par la colonisation, qui nivellera les conditions et mettra chacun à sa place. Oui, colonisons, mais colonisons sans verser une goutte de sang : avec le *moins de soldats,* — non colons — *le moins de fonctionnaires, le plus d'agriculteurs et de commerçants,* suivant le vœu de M. Delcassé.

Ainsi comprise l'œuvre de la colonisation que nous préconisons acquiert une importance capitale.

Elle peut, en produisant une détente dans notre situation économique, résoudre aussi bien des questions sociales; à ce titre, elle doit réunir tous les patriotes soucieux, non seulement de leurs intérêts personnels, mais aussi de la prospérité et de la grandeur de la France.

D'autant plus que la période de compétitions aiguës et de luttes que nous subissons pour l'existence, nous indique la route de cette solution pacifique.

FIN

TABLE DES MATIÈRES

IC-2-8. — Tours, E. Arrault et Cⁱᵉ.

9 782013 365680